# Leadership Revolution

## 战略型领导力培养法则

# 领导力革命

蔡晓清◎著

中国纺织出版社有限公司

## 内 容 提 要

随着社会的发展，企业间的竞争不断地被细分与深化，对企业领导人的要求也越来越高，企业的战略领导力在竞争中不断被明确、被提升。企业的战略方向依赖于领导者的战略型领导力，所以企业领导人必须具有战略思维模式的整体性，并且具有各种事物发展各种趋势的领导力。本书从战略型领导力和战略型领导者两大篇章阐述了什么是领导力、联群关系、定位有效期、目标阈值、执行困境、领导者的自我管理、领导者的沟通艺术、领导者的再生能力等内容。内容翔实具体，图文结合，通俗易懂的语言加之典型案例，符合广大读者的认识能力和认知水平。

**图书在版编目（CIP）数据**

领导力革命 / 蔡晓清著. -- 北京：中国纺织出版社有限公司，2022.3

ISBN 978-7-5180-9324-3

Ⅰ. ①领… Ⅱ. ①蔡… Ⅲ. ①企业领导学 Ⅳ. ① F272.91

中国版本图书馆 CIP 数据核字（2022）第 014975 号

---

策划编辑：史　岩　　责任编辑：陈　芳
责任校对：江思飞　　责任印制：储志伟

---

中国纺织出版社有限公司出版发行
地址：北京市朝阳区百子湾东里A407号楼　邮政编码：100124
销售电话：010—67004422　传真：010—87155801
http://www.c-textilep.com
中国纺织出版社天猫旗舰店
官方微博 http://weibo.com/2119887771
三河市延风印装有限公司印刷　各地新华书店经销
2022年3月第1版第1次印刷
开本：710×1000　1/16　印张：12
字数：178千字　定价：48.00元

凡购本书，如有缺页、倒页、脱页，由本社图书营销中心调换

# 前言
Preface

## 成为更有力量的领导者

领导力是世界上被绝大多数人观察却被人理解很少的现象之一。

领导力是什么？可以概括为三个关键因素：

第一，领导力效能。企业是否拥有一个有能力的、高效的领导者，并围绕其组建的领导团队？对于领导者能力的评估，可以通过直接看业绩和间接的业内对标来实现。

第二，领导有效性。企业的中高层管理者被赋能，能够有效地执行组织战略。团队项目推进需要组织中拥有一群对未来有预见性、对变革有接纳性、对目标有实干性的人。

第三，领导者梯队。企业是否为下一代领导者团队的组建做好人才储备？设立一个领导岗位时，应该有2~3名后备人选同时进入领导者培养通道中。

在剧烈变化的今天，只有卓越的领导者才能坦然地面对时刻到来的巨大挑战。卓越的领导者必然是极具力量的，能够对企业的战略选择和发展导向进行正确指引，能够对组织的建设革新和任务管理给予强力扶助，能够在逆境决策和困境执行时发挥智慧优势，能够在自我管理和自我成长阶段不断突破超越。

更有力量，不设上限，应长存于每一位领导者内心。

在剧烈变化的当代，一切都有可能被重新定义——包括领导力。领导力必须紧跟时代脚步，改变旧有认知，植入新的认知，对领导力思维进行根本性扭转。

第一个应改变的认知是经验作用在弱化。之前积累的领导经验对新时代战略领导者的帮助越来越小。

第二个应改变的认知是市场变化规律难以把握。市场和行业的变化从曾经的稍微改进变成了现在的重新定义。

第三个应改变的认知是代际变短，价值观多元化。过去是二十年一代，后来是十年一代，再后来是五年一代，到了"00后"变成两三年一代，估计到"10后"走入社会时就变成一年一代了。

领导者不得不进行认知升级，只有让认知与时代画等号甚至超越时代，领导力才能更大程度地发挥作用。

如何更好地面对经验失效？如何更好地应对未来市场走向？如何更好地弥补未来和现在时间差缩短的挑战？在挑战面前，卓越领导者和一般领导者的表现呈现几何倍数的差距。卓越领导者不断学习，持续更新领导力知识系统，为自己也为整个组织指明方向，在不断变化的业态环境中、在充满挑战的经营环境中，有信心且努力保持组织的高效运营。一般领导者的经营能力不足以支持行业竞争，学习能力不足以支撑目标达成，变革能力也不足以应对环境变化。全方位的差距让我们知道，卓越领导者具有不可替代的重要性。

但是，领导者需要时刻面对不确定性带来的危机和挑战，这又是不争的现实。怎样才能成为卓越的、有力量的领导者呢？首先必须明白领导力的来源，但领导力不是与生俱来的，而是一个自我造就的过程。陈春花在《最有领导力的，是那个不说话的小婴儿》一文中阐述："领导的定义，就是影响他人去做他想做的事。我们从这个定义来想一想，哪一种人最有领导力？其实就是那个不说话的小婴儿。他连话都不用说，然后全部人都得围着他转，全部人都要去做他要做的事情。"

我们都经历过婴儿期，每个人的婴儿期都仿佛具备天然性领导潜质，而能否在长大成人后成为一名卓越领导者，并非由婴儿期的行为决定，而是取决于后天持续的自我造就——你是否愿意长期去挖掘、去学习和积累，并且积极运用。因此，领导力不是简单的外在行为，而是源自内心的一种动力。

有力量的领导者一直专注人的成长。

领导的目标在于企业成长，但让企业成长的动能因素在于人，领导者要做的两件最重要的事是：优先发展他人，再发展自己。领导者所领导的团队必须和他一同成长，但不是领导者臆想中的成长，而要通过经营过程的验证。只允许自己成长的领导者一定带不出领先企业，而努力挖掘他人成长潜力和带领他人不断进步的领导者，才是真正推动行业进步甚至改变行业发展的领袖。

有力量的领导者对人的关注度极高。

企业持续成长的核心动力源于人，能将人凝聚在一起的是组织文化，市场永远在变化，技术永远在革新，资金永远在流动，只有形成的文化可以长久保鲜。对人高度关注的同时，建设组织文化并随时代发展革新组织文化的领导者，必能构建强力团队，在经营中不断打出重拳。

有力量的领导者对目标是执着的。

目标是成功的灯塔，奔向它、拥抱它是前进的动力。领导者的目标并非只关乎自己，而是一众人等的前途与未来。通往目标的路上充满艰难险阻，卓越的领导者像猛虎下山一般，势必要带领团队冲破阻碍。对目标的执着，看似愚笨，却是与成功握手的捷径。

有力量的领导者始终致力于成长。

肌肉来自长年训练，成长来自不断学习。团队遇到执行困境怎么办？团队遇到难题无法解决怎么办？团队遭遇组织危机怎么办？团队引发重大变革怎么办？这些都需要不断学习之后掌握更先进的领导理念和领导行为来化解于无形。2017年9月15日是华为成立30周年的日子，但没有庆典，华为人都在持续地学习和进步。华为"只有成长，没有成功"，这是超乎常规的学习力，让个体成长与企业目标完全契合。只有不断成长，才能不断成功。成功不是一个目标，而是一种状态，需持续保持。成长是集体式的，成长是长期性的，成长是随时性的。

有力量的领导者会先成为自己的领导者。

领导力是一个自我造就的过程，是一个自我培养的过程，是一个自我修炼的过程。自我管理——养成良好的定力，角色塑造——懂得确信的力量，通过沟通——训练思辨的能力，决策效率——挖掘思维想象力，危机管理——培育团队抵抗力，再生机制——多角度看待世界。唯有在实践过程中不断地去学习和推进，才能真正成长起来。这个过程没有止境，当获得巨大飞跃时，领导力自然会得到提升。

作为领导者，必须思考：当未来已来，我跟世界的关系在哪儿？

领导者真正的挑战不在于学过什么，学会了什么，而在于面向未来需要学什么，应该在未来之前先做些什么！领导者若想造就自己的领导力，一定要学会面向未来，站在未来的角度向现有领导能力发起革命，以全新的认知、创造和智慧培养自己强大的战略型领导力。

蔡晓清

2021年12月

目 录
Contents

# 上篇 战略型领导力

## 第一章　理解战略型领导力　/ 002
什么是领导力　/ 002
成为领导者而不是管理者　/ 005
原生型领导者与再生型领导者　/ 009
权力与领导力的关系　/ 011
领导力是职位的责任　/ 013

## 第二章　联群关系——权力与影响力　/ 016
被领导者对领导过程的相应与影响　/ 016
以动机区分被领导者　/ 020
以行为区分被领导者　/ 024
以过程区分被领导者　/ 028
走动式管理　/ 033

## 第三章　定位有效期——从防守型到进攻型　/ 037
沃尔玛的再定位　/ 037
随环境快速变化的游戏　/ 040

宏观与微观视角 / 042

重新定位是心理上的挑战 / 044

## 第四章　目标阈值——边界之内的精准发力 / 047

通用电气的目标调整 / 047

出生即死亡的高危目标 / 049

调查和对话 / 051

稳健比激进更具成长性 / 053

目标管理之合理拆分 / 055

## 第五章　执行困境——用共识强化效能 / 058

领导力是行动 / 058

正确目标搭配重点工作 / 060

让执行者理解并认同计划 / 062

资源配置模型 / 064

## 第六章　解决难题——领导力围绕"难题"展开 / 067

组织中的三种问题 / 067

挑战性难题的四大难点 / 070

区分事情的表象与事情的本质 / 073

挑战性难题的高级解法 / 077

## 第七章　组织权变——有机式结构 / 081

阿米巴模式组织结构 / 081

平台模式组织结构 / 085

扁平模式组织结构 / 088

小单位模式组织结构 / 091

创建学习型组织 / 093

**第八章　引领变革——管理是维持秩序，领导是实现变革** / 096
　　弗莱森公司的变革之路　　　　　　　　　　　　/ 096
　　进行对话实验　　　　　　　　　　　　　　　　/ 098
　　面对复杂世界主动出击　　　　　　　　　　　　/ 100
　　动态环境下如何有效计划　　　　　　　　　　　/ 102

# 下篇
## 战略型领导者

**第九章　领导者的自我管理**　　　　　　　　　　　/ 106
　　自我造就成为领导者　　　　　　　　　　　　　/ 106
　　高效是领导力的资源　　　　　　　　　　　　　/ 108
　　成为魅力型领导者　　　　　　　　　　　　　　/ 111
　　三环学习模型　　　　　　　　　　　　　　　　/ 113

**第十章　领导者的情商塑造**　　　　　　　　　　　/ 116
　　两个模型测评领导者情商　　　　　　　　　　　/ 116
　　有效激励奠定情商下限　　　　　　　　　　　　/ 119
　　担当情绪领袖　　　　　　　　　　　　　　　　/ 122
　　做营造氛围的高手　　　　　　　　　　　　　　/ 125
　　搭建情感关系　　　　　　　　　　　　　　　　/ 127

**第十一章　领导者的沟通艺术**　　　　　　　　　　/ 131
　　建立及时的反馈系统　　　　　　　　　　　　　/ 131
　　领导者的沟通方法　　　　　　　　　　　　　　/ 134
　　用认同化解失控　　　　　　　　　　　　　　　/ 139

正面沟通，消除误解 / 142

跨度沟通，突破局限 / 144

## 第十二章 领导者的有效决策 / 147

区分决定与决策 / 147

领导者决策力的养成 / 149

决策的五个要素 / 152

决策类型和决策情境 / 154

做决策要避开的心理陷阱 / 157

## 第十三章 领导者的逆战智慧 / 161

为什么学习失败 / 161

如何从失败中学习 / 163

危机意识与风险防范 / 165

化解危机的十项经验 / 168

## 第十四章 领导者的再生能力 / 173

保持心理韧性 / 173

四步法增强回弹力 / 175

建设性地处理人员错配问题 / 177

重新定义压力 / 180

上篇
**战略型领导力**

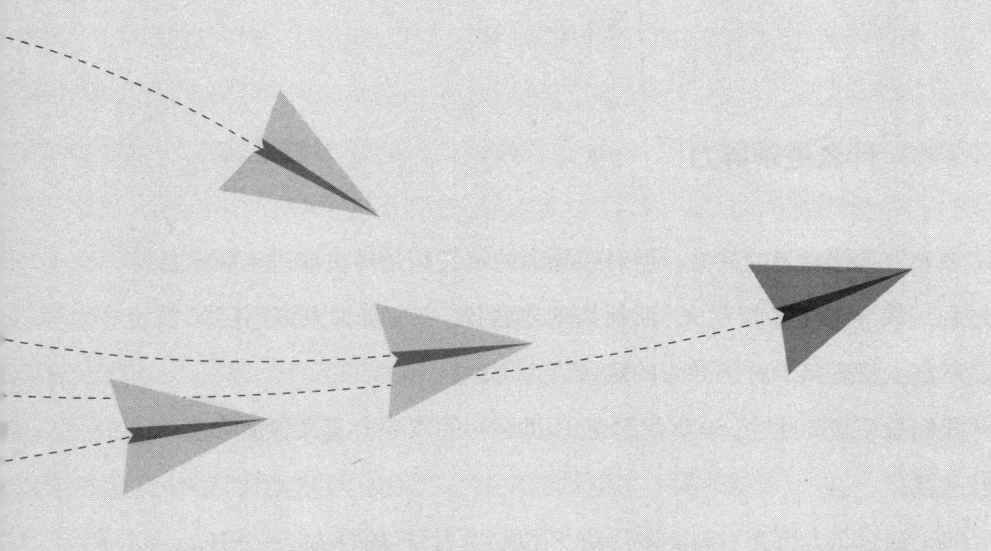

# 第一章 理解战略型领导力

随着社会的发展，企业间的竞争不断地细分与深化。企业领导者所需的领导力在竞争中不断被明确与提升，具备战略型领导力成为开启领导力革命的前奏。本章将引领读者了解这个前奏，从什么是领导力切入，以领导力的职位责任收尾，厘清领导、管理、权力、职位之间的差异与关系。

## 什么是领导力

领导力是领导者的共性。但对领导力的定义却是历史演进+版本各异的过程。领导力学者拉尔夫·斯托格迪尔曾说："有多少人试图定义领导力，基本上就有多少种领导力的定义。"

我们总结自20世纪50年代起至21世纪初的领导力定义，从中总结出一些共性：

（1）通过个人行为引导群体行动，完成共同目标的行为。——Hemphill & Coons（1957）

（2）人们调动组织的、制度的、心理的和其他资源，唤起、预备、满足被领导者的动机。——Burns（1978）

（3）引领或影响一个有组织的团体，为实现目标而活动的过程。——Rauch & Behling（1984）

（4）阐明愿景，体现价值观，合力创建能够取得成果的环境。——Richards & Engle（1986）

（5）主动走出现有文化，促使组织进化变革，使之更具有适应性的能力。——Schein（1992）

（6）个人影响、激励、调动、赋能他人为组织的效率和成功做出贡献的过程。——House and colleagues（1999）

（7）影响他人，使他人了解并认同需要完成的任务及高效完成任务的方法，推动个人和群体努力完成目标的过程。——Yukl（2002）

领导力的定义绝不止上述七种，篇幅所限不再一一列出。我们通过对以上定义的解读，可以发现领导力的核心共性是行动。无论是引导、调动、影响、创建，还是变革、激励、赋能、推动，这些在定义中反复出现的词汇，都说明了领导力是行动。

领导力是怎样的行动呢？概括而言，就是带领团队实现目标。任何领导力的定义都是围绕"带领团队实现目标"的变体。

根据带领团队实现目标的定义，一个清晰的领导力模型呈现出来——领导者与被领导者和目标之间的相互关联关系（见图1-1）。

通过上述模型可以看出，领导力包含两个维度：一是实现目标的任务行为，二是带领他人的关系行为。

任务行为更多涉及领导者的能力。能力可以细分为技能和特质两类，技能全部由后天习得，能够在短时间内掌握，可以在长时间内巩固、精进；特质既有先天形成，也有后天改变，但后天改变需要长时间的作用。

图1-1 领导力模型

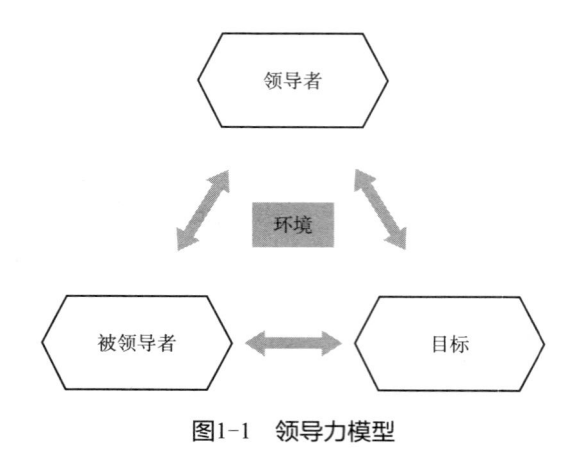

关系行为更多建立在领导者的职位之上，领导者往往是担任职位的人。领导力研究者罗伯特·凯赛尔曾写道："领导力通常通过在组织或者部门中掌权的人来定义。根据定义，这些人是领导者。"

将任务行为和关系行为串联在一起的是行动。如果一个领导者发挥出了领导力，一定是因为他做了什么！

能力、职位和行动是相辅相成的。如果将三者看成一个环，无论内环还是外环，都是闭环。职位要求具备能力，能力支持采取行动，行动可能带来职位；职位要求采取行动，行动可以培养能力，能力可能带来职位。

和领导力定义是"带领团队实现目标"的变体一样，各类领导力模型都是图1-1的变体。可以在其中加入环境因素，因为环境对于领导行为产生重要影响。组织结构由领导者与被领导者共同组成，组织结构决定了个体的行为与相互间的关系。

如果领导者能够有意识地运用领导力模型（不限于图1-1的领导力模型），可以使自己对领导力的思考更加清晰，对于各种能力的运用更加明确，如战略能力可以驾驭环境和实现目标，洞察能力能够及时发现内外部环境的变化，变革能力能够促进组织内部革新升级，影响力是关于领导者与被领导者的关系……

## 成为领导者而不是管理者

1977 年，哈佛大学管理学教授亚伯拉罕·扎莱兹尼克发表了一篇经典文章《管理者与领导者：他们有区别吗？》。从此以后，领导者与管理者成为两个并不相同却极易混淆的概念。

领导者和管理者都是组织中拥有权力的个体，在组织中处于重要位置，对组织的发展产生重大影响。

领导者与管理者是包含与被包含的关系，管理者从领导者中分离出来，即管理者有机会成为领导者。

领导是一个影响的过程，负有协调群体活动的责任；管理是一个指挥的过程，管理者的工作绩效依赖于被管理者。

领导者更多使用个人影响力，影响他人执行任务；管理者更多运用职位职权，指导他人执行任务。

理想情况下，领导和管理具有较强的相容性和交叉性，领导者和管理者工作的最终目标都是实现组织发展，但领导者与管理者还应区别对待，就像扎莱兹尼克所说："领导者和管理者是两种不同的人。"

1. 人格特质

领导者犹如能力强劲的孤胆英雄，在做好自我控制的基础上去控制他人。领导者放眼长远，充满想象力，且善于沟通。

管理者不是天才或者英雄主义，而是充满坚韧、勤奋、聪明、宽容。管理者将领导力视作管理的手段，更重视理性与控制。

### 2. 侧重方向

领导者所承担的责任是使组织有明确的方向，制定最合适的战略规划适应不断变化的现实，即领导者真正的责任是开发未来前景，明确变化战略，确保组织成长。

管理者需对绩效负责，通过制定详细的步骤或时间表，并监督计划实施的结果，确保目标的最终达成。

### 3. 目标态度

领导者对目标的态度是积极主动的，而非被动反应的。领导者要在"什么是想要的""什么是可能的""什么是必需的"三方面加以引导。

管理者对目标的态度通常是被动的，管理目标源于"必需"而非"想要"，但对目标的执行是非常坚定的。

### 4. 横向职能

领导者的职能是使组织最大限度地适应外部环境，因此需要建立核心管理团队，并通过带领此团队实现目标来领导整个组织。领导者要具有一定的超脱性，能从根本上、宏观上把握团队的行为过程。

管理者的职能是使组织最有序、最有效，确保实现常规与特定的功能，因此需要稳定团队主体架构，并通过制度和规则实现管理的需要。管理者要具有很强的可操作性，能够注意到必要的细节和隐性的问题，要通过对人、财、物、时间、信息、资源等的安排与配置，使得诸因素得到合理运用，发挥最大效用。

### 5. 工作想法

领导者将工作的重心放在影响力建设、战略规划、目标激励和创新变革方面，并对长期存在的难题制订新的解决方案，且在解决问题的过程中能够主动触及风险和承担风险。

管理者的工作重心是计算利益、减少冲突和调配资源，只为达到方便执行和取得预期绩效，通常为了生存而规避风险。

6. 纵向发展

对于领导者而言，非常重要的工作是促进改革，任何组织随着时代的发展，变革都是持续存在的。团队组成离不开变革，团队执行离不开变革，整体适应环境变化离不开变革，整体保证未来发展离不开变革……这一切都由领导者牵引、影响、带领他人共同完成。

管理者也需要具备一定的变革意识，但并不是主要的，在领导者确定变革方向后，管理者要做的是稳定队伍，然后照章执行。因此，管理者起承上启下的作用，保证变革既深入彻底，又平稳到位。

7. 同理感受

领导者主要关注人的思想，关注事件和决策对参与者意味着"什么"。在人际关系中保持高水平感情投入，即以更加本能和更具有同理心的方式与他人建立联系。

管理者喜欢与他人一起工作，并且关注参与者"如何"做成事情。在人际关系中保持低水平感情投入，只需达到调和差异、寻求妥协和平衡权力即可。

成为领导者而非管理者，不是成为一个领导式样的个体，而是成为能够带领组织具有领导力的领导者。

成为领导者必须明白什么是领导过程。如何区分领导过程和管理过程？

复杂企业的领导过程也分为三个部分——确定经营方向，联合组织成员，授权与激励。

管理岗位的管理过程也分为三个部分——计划与预算，人员和资源配备，规划与控制问题。

领导过程与管理过程看似相同，其实存在根本性差异（见表1-1）：

表1-1 领导过程与管理过程的差异

| 领导过程 | 管理过程 |
| --- | --- |
| 确定经营方向：<br>①放眼长期目标<br>②偏重于宏观，但不绝对宏观<br>③强调对风险的控制与承担 | 计划与预算：<br>①追逐短期成绩<br>②偏重于微观，但不绝对微观<br>③强调对风险的回避与预见 |
| 联合组织成员：<br>①注重整体性<br>②强调目标感和投入度 | 人员和资源配备：<br>①注重专业化<br>②强调能力值和服从性 |
| 授权与激励：<br>①侧重于授权<br>②采取心理激励 | 规划与控制问题：<br>①侧重于管制<br>②采取经济激励 |

区分领导过程和管理过程要从相同中找出不同，如上表中领导过程和管理过程中都包含"激励"成分，但两种激励存在根本的不同。

作为领导者，激励行为的目的是让被领导者在获得成就感、掌控感、自尊感和归属感的同时，兴奋地完成任务，具体包括：

（1）沟通愿景时强调被领导者的价值。

（2）让被领导者自行决定如何实现与其相关的目标或目标的一部分。

（3）通过教练、反馈、榜样等方式给予被领导者支持。

（4）认可和奖励被领导者的工作成绩。

作为管理者，激励行为的目的则很简单——让被管理者遵守标准或计划，一般通过经济刺激来实现。

作为一名领导者，将不再只关注被领导者的工作业绩，而是将关注重点转移到被领导者能否在未来更主动、更自由地创造更多价值。

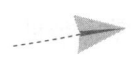

## 原生型领导者与再生型领导者

领导力大师沃伦·本尼斯曾说："我是再生者，创造了自己的人生，而不是被人生所创造。"

"再生者"的对立面是"原生者"，这两个概念由美国心理学家威廉·詹姆斯提出。他认为"再生"和"原生"是两种基本的人格类型。再生者的成长过程充满挣扎与斗争，对人生的探索相对深入；原生者的人生道路秉持按部就班，对人生的适应过程比较简单。因此，再生者经常感觉自己与周围环境存在疏离感，而原生者则与周围环境和谐一体。

亚伯拉罕·扎莱兹尼克教授在其所撰写的《管理者与领导者：他们有区别吗？》一文中引用了威廉·詹姆斯的说法，并进一步指出：管理者是原生者，他们认同自己属于组织，也努力维护现有秩序；领导者是再生者，他们工作在组织中，却从未感觉属于组织，他们发动变革，创建新秩序。

所有的管理者必定是原生者，但并非所有的领导者都是再生者，沃伦·本尼斯将领导者分为原生型领导者和再生型领导者。

如此划分体现了本尼斯对领导力更为深刻的认知，他从人性本身和成长经历切入，区分领导者的领导活动。原生型领导者从最初的依赖家庭到独立的转变相对容易；再生型领导者则很难对事物产生依赖，不断创造是他们的共性。

从本尼斯的成长经历中我们知道他将自己称为"再生者中的一员"的原因。

学生阶段的本尼斯性格内向，喜欢读书却不喜欢学校，没有什么兴趣爱好,"平常从事的唯一明显的'体育活动'是给家里人擦亮皮鞋"。在他的记忆中,始终深刻烙印大萧条时期父亲失去最后一份固定工作的情景,"那是我人生中最黑暗、最沮丧的一天,我发誓今后再也不要品尝这种彻底的绝望。"

1944年,在军校受训的本尼斯被授予少尉军衔,然后被派往欧洲战场。他第一次真正知道了领导力的差距,好的领导力和坏的领导力带来的最直观、最残酷的后果——士兵的伤亡人数。

1947年,本尼斯进入了倡导多样性和独立思考的安蒂奥克学院。校长道格拉斯·麦格雷戈成了他的"偶像",他开始在各方面模仿麦格雷戈,包括服饰和抽烟斗的姿势。麦格雷戈教授本尼斯组织动力学,并推荐他到麻省理工学院经济学系攻读博士。对于这段求学经历和麦格雷戈的传授,本尼斯始终心怀感激,"无疑是麦格雷戈塑造了我的人生"。

在新学校,本尼斯发现自己是基础最差的、最不喜欢数学的一个,虽然同时受教于包括三名诺贝尔经济学奖得主在内的师资阵容,但他仍然不断自问"自己怎么会来这里"?从麻省理工学院毕业之后,本尼斯开始任教,并从事社会心理学方面的研究,是当时群体力学的核心研究者。职业上的跨度让本尼斯赢得了"通才"的称号,但他只觉得自己"是一只内心羡慕刺猬的狐狸"。

1967年,本尼斯正式成为一名管理者,担任纽约州立大学布法罗分校教务长。他踌躇满志地与校长一起进行了一项改革计划,但以彻底失败而告终。

1971年,本尼斯升级为领导者,担任辛辛那提大学校长。这是他既不愿错过也不愿再经历的,因为他对校长的职位毫无热情,他只是在完成自己的梦想——像麦格雷戈一样成为一名大学校长。

实现校长梦想的七年后,本尼斯主动卸下了梦想的重担,应邀到南加州大学创建领导力学院。正是在此期间,他完成并出版了《领导者》《成为领导者》等一系列具有重要影响力的领导力著作,完成了从领导力实践者到领导力引导者的转变。此后,他一直留在南加州大学,"尽管写作是我最大的乐趣,但是教书育人,看着别人成长,成为一个辅导者,这些也能给我带来巨大的快乐。"

不断地自我再生,本尼斯掌控并创造了自己的人生。领导力也需要面向未来不断再生,主动终结旧观念,割除旧经验,摒弃稳态思维,用全新的发展模式,把自己摆在动态的位置上,找到新的领导维度。

再生型领导模式一旦形成,你会发现不仅自己可以随时再生,整个团队都可以不断再生,每个人都在持续的再生中获得了价值提升。

"人人都能成为 CEO"在有的企业就是一句口号,但在有的企业却是实实在在的行动。海尔集团将考核与工序之间的价值贡献挂钩,所有人都有价值贡献,且与绩效、组织目标、方向保持一致。由此建起一个全世界都没有的组织形态,6 万名员工个体转化为 2 万多个"小微模型"。

"人人都是 CEO"最终能否实现,取决于领导者本人。再生型领导者希望更多的人实现能力裂变,虽然不能做到人人皆可成功,但有潜能者会被挖掘出来,组织的力量会随着个体的逐渐强大而越发强大。这类领导者通过实际领导活动让每个人相信自己的内在力量,相信自己所坚持的目标,相信自己要创造的价值。

## ▶ 权力与领导力的关系

权力的行使者向权力的接受者施加影响,是为了实现自己的目标,这个过程不需要权力的接受者与行使者具有共同目标,接受者只负责听从命令，具体实施，因此权力是在无冲突情况下实施的。

领导力的行使是为了实现领导者和被领导者共同的目标，这个过程需要被领导者与领导者具有共同目标，但被领导者并非天然具有和领导者相同的动机，因此领导力是在有冲突状态下实施的。

权力和领导力的区别就在于：权力的实施者让接受者做接受者本来不会做的事，或者权力的实施者让接受者做实施者想要他们做的事；领导者是促使被领导者为追求特定的、共同的目标行动，而这些目标代表了领导者和被领导者共有的价值观、动机、需求、期望。

权力与领导力既存在不同，又紧密关联。权力是单方面运作的，因此会一直有抵抗；领导力是双方面共进的，变抵抗为向上管理。权力具有带来变化的潜力，因此任何变化都是权力的应用；领导力将潜力变成现实，能为团队带来有意义的变化。运用权力不一定是领导力，但发挥领导力一定要运用权力——权力是领导力的资源。

发挥领导力时需要用到哪些资源呢？首先是法定权力，是基于国家各类法律规章所制定的企业领导者的硬性权力，受到法律保护。其次是奖励和惩罚的权力，这是企业内部所制定的章程权力，受到上下一致认可。人如果仅限于这两种资源，则领导力和权力将趋向一致，领导力更侧重于说服力、专业力、关系力和吸引力。发挥领导力时，一定会用到上述资源中的一种或几种。

如果领导者经常运用强制权力和奖惩权力，将会逐渐回归权力本质，与领导力渐渐脱钩。比如，某位领导者要求下属加班，便是运用了强制权力，下属是无法反对的，但在内心一定是抗拒的。

只有把权力运用到实现组织目标上才是发挥领导力。比如，某团队在进行一项项目攻坚，下属都明确下一步的目标是什么，必须在两天内实现，现在时间很紧张，下属要怎么做？其实，无须领导者多说什么，下属都知道要加班完成自己的工作任务。但是，下属仍然会有抗拒心理，毕竟没人愿意加班，也没人相信"996"真的会有福报。此时领导者要发挥的应该是说服力、专业力、关系力和吸引力，将下属高度团结起来，同时给予下属愿景类回报和实质性回报。领导力的成功发挥最终会让下属从被动工作到甘心情愿追随。

詹姆斯·麦格雷戈·伯恩斯曾说过："所有的领导者都是实际或潜在的权力拥有者，但是并非所有的权力拥有者都是领导者。"当下属从被领导者升级为追随者，可以视追随程度的深浅说明领导者的领导力建设取得了一定程度的成功。

## 领导力是职位的责任

把领导者和职位画等号，是普遍性认知，就像称呼某某人名字，也可以称呼其姓氏加职位。同样，将领导力等同于职位也是普遍性误解，认为某人拥有了职位，就具有了相应的领导力。领导力专家约翰·马克斯维尔曾总结过："如果必须界定人们对领导力的头号误解，那就是认为领导力只是来自拥有一个职位或者头衔。"

正是这种根深蒂固的错误概念蒙蔽了领导力的真实本质。在一堂企业高管领导力培训课上，一位学员在开课致辞中说："同学们，我们能够坐在这里，就说明我们具有领导力……"他说完，培训老师对他说："大家能够坐在这里，只能证明一件事，你们都有领导职位。"为什么这位培训老师要刻意强调"有领导职位"而非"领导力"呢？因为领导职位的获得途径并不仅限于领导力的高低，相反，领导力在很多时候并不占据主要因素，比如某位领导者的职位是通过家族企业世袭的方式得到的，比如某位创始人是凭借技术发明创立的企业，再如某位职业经理人是论资排辈登上的领导岗位……

如果不能充分认识到这一点，领导者就会认为拥有领导职位就能发挥领导力，就会认为得到领导职位的人必然拥有领导力。前者通常是被领导者的误解，是源于对领导职位的忌惮；后者则常被领导者本身误解，原因在于过度自信。其实，一位领导者是否具有领导力，往往自己并不清楚知道，其下属却能通过被领导的过程深刻体会出来。

将领导力等同于领导职位，实际上是将领导力和职位权力画等号。在需要发挥领导力的时候，领导者往往发挥的是职位权力，而忽略了真正的领导力部分。如果只是单纯依靠职位权力，则领导过程必将困难重重，也很难真正解决问题。

领导力和领导职位的关系应该是螺旋式上升的，从没有职位或职位较低时就可以习得领导力，但在现实中这种情况经常被忽略。组员认为组长应该具备一定的领导力，组长认为部门经理需要发挥领导力，部门经理认为总经理需要发挥领导力，总经理认为企业最高领导者才必须发挥领导力。但是企业最高领导者的领导力是怎样获得的？绝不可能是一坐到"最高"的位置上就自动拥有的，而是在一步步攀登的过程中逐渐累积的。即便是家族世袭企业，也需要一定的历练，再有天赋的人在领导力这方面也几乎无法无师自通。

本节的题目是"领导力是职位的责任"，担任领导职位，就要肩负起发挥领导力并带领团队实现目标的责任。如果你是一家企业的最高领导者，你的责任就是为企业制定出能够生存和发展下去的战略规划和具体目标；如果你担任企业总经理的职务，你的责任是将企业的战略规划以最有效的方式付诸实施；如果你担任销售部经理的职务，你的责任是带领销售团队实现企业制定的销售目标；如果你担任研发部某项目组组长的职务，你的责任是带领本组成员高质量地完成所承担的研发任务……

这里所说的带领不是指挥式带领，而是引导式带领，更形象地说，是领导者好像"仆人"。职业经理人罗泊特·格林利夫在20世纪70年代提出了"仆人式领导力"，领导就是服务逐渐深入人心。担任领导职务并不意味着高高在上，而应时刻感受到责任的压力，领导者的恶人要求领导者必须成为"仆人"，服务于和自己一起实现组织目标的其他人。

虽然前文中我们讨论过，领导力是逐渐积累起来的，没有领导职位时也可发挥领导力，但带领团队实现目标仍需要相应职位提供资源支撑。发挥领导力应更加注重说服力、专业力、关系力和吸引力，领导职位能增强领导者的说服力，能在建立关系的过程中处于有利位置，能让下属对领导者的专业能力更有信心，能提升品质性吸引力。

资源一旦过度运用也会变成阻碍。如果领导者将注意力放在职位上，就会造成责任迷失，不再重视带领团队实现目标，而对以领导职位颁奖、剪彩、奖惩、分派等行为更加看重，进一步导致难以抵挡权力的诱惑，让人忘记这些权力只是辅助发挥领导力的资源，而不是领导者追求的目标。没有责任心和权力欲望增强的领导者，将沦为固守自己权力的奴隶，对整个组织产生致命杀伤力。

最后我们以两句话结束本节：没有领导力的领导职位是不缺乏道德责任的；没有领导职位的领导力是无法实现的。

## 第二章 联群关系——权力与影响力

联群关系的核心是两个：带领团队实现目标和带动团队解决难题。无论是哪一个，都要求领导者建立起恰当到位的联群关系，即必须关注领导者和被领导者之间的关系。

### ▶ 被领导者对领导过程的相应与影响

领导力研究之初，学术界一直关心的是领导者一方，有什么特质和有哪些行为。但领导力的发挥不是领导者一方的事情，领导力是权力和影响力的一种关系，因此只了解"己"是不够的，还必须充分了解"彼"。

领导力是指那些渴望领导的人和那些选择追随的人之间的一种关系——领导者和被领导者之间的关系。可以分为领导行为和领导过程两种状态，都是随着领导活动的展开而不断调整。

领导者应根据不同的被领导者调整领导行为。

领导力应该有的放矢，根据被领导者的实际情况因材施教。情景领导力理论应运而生，提出者是保罗·赫塞和肯·布兰查德，也称为"赫塞-

布兰查德模型"。他们假设被领导者的能力、经验、信心和个人成长水平对于确定最适宜的领导行为起着最重要的作用，因此，该模型要求领导者根据被领导者的成熟度采取合适的领导风格，在"高/低成熟度"和"高/低能力"间进行切换组合（见图2-1）。

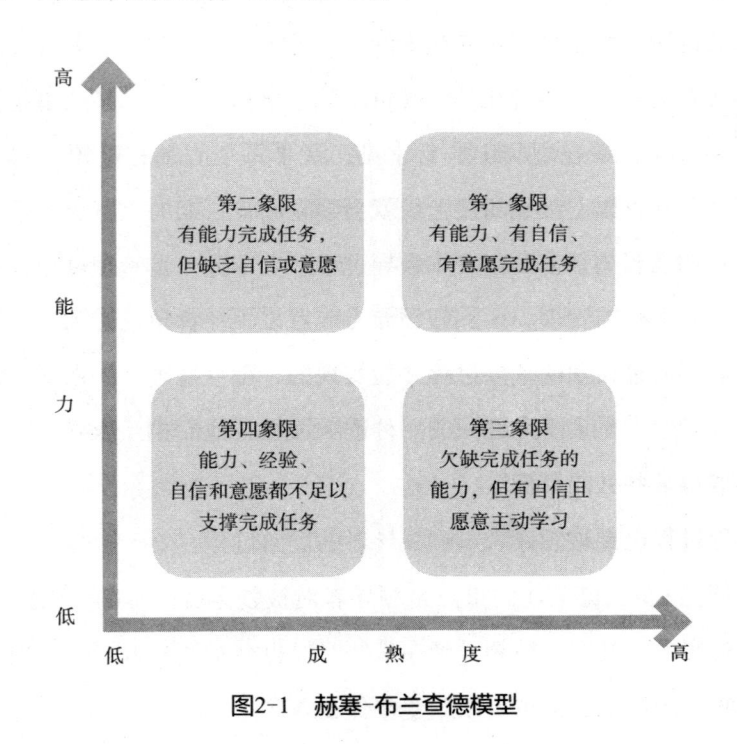

```
                    高
                    ↑
                    │
                    │   ┌─────────────┐  ┌─────────────┐
                    │   │  第二象限    │  │  第一象限   │
                    │   │ 有能力完成任务，│  │有能力、有自信、│
                    │   │ 但缺乏自信或意愿│  │有意愿完成任务 │
                能   │   └─────────────┘  └─────────────┘
                力   │
                    │   ┌─────────────┐  ┌─────────────┐
                    │   │  第四象限    │  │  第三象限   │
                    │   │ 能力、经验、 │  │欠缺完成任务的│
                    │   │ 自信和意愿都不足以│ │能力，但有自信且│
                    │   │ 支撑完成任务 │  │愿意主动学习 │
                    │   └─────────────┘  └─────────────┘
                    低
                    └──────────────────────────────→
                     低       成  熟  度        高
```

图2-1　赫塞-布兰查德模型

根据上图可以得出这样的结论，领导者应该首先评估被领导者的工作成熟度，再据此调整领导行为。第一象限匹配授权型领导者，被领导者具有足够的综合能力自行决策并执行；第二象限匹配支持型领导者，相信被领导者的业务能力，但在资源上予以支持，以加快其成熟；第三象限匹配参与型领导者，对被领导者的工作目标和任务给予关键性引导，助其提升业务能力；第四象限匹配告知型领导者，要对被领导者按步骤进行明确指导，并设定任务期限，监督其完成。

对于领导过程的影响，主体并非只有领导者，还可以是被领导者，这就是被领导者对领导过程的相应与影响。

领导过程是领导者影响被领导者的长期过程。

领导力学者埃德温·霍兰德从影响过程的角度强调"领导者与被领导者之间的这种关系是长期建立起来的，涉及了领导者和被领导者之间的一种交换或者交易，领导者在其中既付出某些事物，也得到某些事物"。

这种长期关系在现实中非常常见，几乎每个人都有过较长的工作时间，那么和其直属上级或间接上级就会建立起较长期的上下级关系。但并非所有长期隶属关系都可以看作领导过程，大部分只是管理过程，是上级动用权力对下级的管理。而实施领导力或者说领导者角色得到被领导者认可，是需要通过长期的领导过程才能实现的，霍兰德进一步强调"领导力是两个或者通常是多个人之间的一种影响关系，他们相互依靠，以在团队情境中取得某些共同目标"。

领导过程也是被领导者影响领导者的反向过程。

埃德温·霍兰德关注的重点是领导者对被领导者的影响，因此忽略了反方向的影响，其实，被领导者在某些时候也会对领导者产生影响，虽然这种影响是短期的，但也足以改变些什么。

2008年，曾经辉煌的NBA球队西雅图超音速宣布迁往俄克拉荷马市，虽然此前已经传言纷纷，但在消息终得证实后，西北湾区的球迷们愤怒了。将球队前老板霍华德·舒尔茨当作"罪人"，将现任老板克莱·本内特看成"窃贼"。舒尔茨感到委屈，自己已经为超音速的未来尽力了，是西雅图市政府始终未就自己的"主场改造计划"予以支持，于是在两年前赌气将球队卖掉了，但在转卖谈判时已与本内特达成了"不迁走球队"的口头协议。但这位来自俄克拉荷马的亿万富翁在买下球队的第二年就表态要将球队迁走，理由也是不能与西雅图市政府就修建新球场达成协议，并不

## 第二章
### 联群关系——权力与影响力

惜与西雅图市政府和舒尔茨对簿公堂。最终，本内特钻了 NBA 规则和合同的漏洞：如果政府肯拿出美元翻新或者新建球馆，超音速只能留在西雅图；如果本内特与政府协商未果，他可以行使将球队搬离城市的权力。接下来一切顺理成章，本内特买断了西雅图超音速的主场钥匙球馆未来两年的租金，并经过 NBA 其余 29 位球队老板投票通过后，将超音速带到了俄克拉荷马市。

在球队搬迁这件事情上，普通球迷尽管伤心却也毫无办法，眼看着一支叫"俄克拉荷马超音速"的球队即将诞生。球迷们开启了最后的斗争，他们组织起来不断发声，要求留下球队名字和球队颜色——超音速和墨绿色只属于西雅图。本内特当然知道一支球队底蕴的重要性，北美几大联盟的球队在迁城后通常会保留队名。NFL 球队圣迭戈闪电在搬迁至洛城后，叫洛杉矶闪电；MLB 球队亚特兰大勇士之前分别叫波士顿勇士、密尔沃基勇士；NHL 球队达拉斯星队在明尼苏达时叫作北星队；同为 NBA 的孟菲斯灰熊成立于加拿大的温哥华，叫温哥华灰熊；现在最具总冠军相的布鲁克林篮网队，十年前还叫新泽西篮网。

超音速曾被评为 NBA 最酷炫的队名，本内特不想放弃，但无奈西雅图球迷呼声高涨，为了让自己的球队在未来有更平和的发展，他最终选择为西雅图留下"超音速"和那一抹墨绿。西雅图球迷成功了，为城市保留了重新拥有一支 NBA 球队的希望，虽然时至今日，新的"西雅图超音速"仍未出现，但在不远的将来这座城市必将重新点亮墨绿之光。

社会心理学家、管理学家玛丽·福莱特很早就注意到了被管理者的重要性，她指出："被领导者不是简单的被动角色，他们不仅仅遵循并服从，而且必须协助领导者掌握情景。我们不要认为自己不是领导者就只是一个小角色，作为一个被领导者，我们也参与了领导……如果被领导者必须参与领导，那么意味着领导者又是也必须服从。"

## 以动机区分被领导者

人类为了应对生存的挑战衍生出多种心理和能力，追随心理和领导能力就是其中之二。进化领导力理论认为，追随是一种适应行为。加入一个团队，人越多越有安全感，有利于更快完成生存累进。在这个团队中可以相互交流经营和能力，避免自己试错而产生的严重后果。团队的领导者以自己的权力和权威对被领导者开展领导活动。

心理分析师迈克尔·麦考比将被领导者的追随动机分为两类：一类是有意识的，如获得金钱、地位、荣誉或投身于有意义的事业中；另一类是无意识的，与个体的成长经历有关，将一些成长系的人际关系投射于领导者身上。

每个人在成长过程中，都会有意识或无意识地做好在社会及组织中领导他人或者追随他人的准备。但通常情况下，选择追随的人要远远多于选择领导的人，这是因为人类的成长经历就是追随的过程——追随父母。心理学家斯坦利·米尔格拉姆将此总结为："我们追随权威的本能如此强大！"他的服从研究也揭示了领导力产生的一个方面，就是成长在很少或者没有父亲积极影响的环境中的孩子，更有机会成为领导者。父亲影响的缺失导致孩子在成长过程中追随的本能没有被充分唤醒，形成了主动填补父亲角色的心理和行为。

尽管人类有追随的本性，但并不意味着任何人都会拥有追随者。在大多数情况下，人们会有意识地选择自己所要追随的对象，那些可以成为领导者的人一定在某方面具有吸引他人的特质。

刘备集团的成长在三国各集团中最为坎坷，曾几度险些全军覆没。但

## 第二章
## 联群关系——权力与影响力

在不断的失败中我们惊奇地看到，刘备集团在悄悄地壮大，从最初只有关羽、张飞两位追随者，到孙乾、简雍、糜竺几位谋士的加入，又在陶谦病故后短暂取得徐州。虽然城池得而复失，且弟兄失散，却因祸得福先后收了刘封、周仓、廖化、关平和穷途中的赵云。因曹操率军南下，大谋士徐庶在离开北上之前回马举荐了诸葛亮，从此，三顾茅庐的故事流传千年。得到了卧龙先生的辅佐后，刘备的事业发展进入高速上升轨道，先取荆州安身，后夺益州建立基业，天下遂成鼎足之势。在取荆夺益的过程中，又有诸多知名文武归附，如大将魏延、马超、马岱，老将黄忠、严颜，谋士庞统、张松、法正等。此后又占据汉中，文武人才储备越发丰厚，包括蒋琬、董允、李严、马良、马谡等。

刘备创业过程中连续遇到困难，也不断有人加入助其解困。那么，这些加入者都有着怎样的追随动机呢？我们对刘备的下属进行分类归档，找出动机因素。参考荷兰阿姆斯特丹自由大学心理学教授、牛津大学认知与进化人类学研究所研究员马克·范福特对追随者的分类，可以将刘备的下属分为五个类别——忠臣、粉丝、下属、门生、学徒。

（1）忠臣：这类追随者更看重团队凝聚力，他们追随的动机是与领导者有较为相似的价值观。刘备集团的忠臣代表有关羽和张飞。这二人对刘备只有忠心，无论任何不利环境都牢记"复兴汉室"的使命。关羽在被困麦城后，面对东吴来招降的诸葛瑾说出了千古名言："玉可碎而不可改其白，竹可焚而不可毁其节，身虽殒，名可垂于竹帛也。"

（2）粉丝：这类追随者为领导者的个人魅力所感召，他们追随的动机是希望能与领导者亲密接触。刘备集团的粉丝代表有赵云、徐庶、张松。赵云在卧牛山再逢刘备时说："云漂泊半生，未遇明主，今遇使君，云喜出望外，今追随左右，虽肝脑涂地，亦心甘情愿。"徐庶是化名单福毛遂自荐，后被曹操假借其母手书骗回许都，但立志终生不为曹操献一策出一计。张松原是益州牧刘璋下属，被派往许都联络曹操，却因放荡不治节操遭曹操嫌恶而被赶出，刘备亲自率人相迎，张松觉得自己终遇明主，主动献出西川地图。

（3）下属：这类追随者是因为别人这样做了，自己也随之这样做，他们追随的动机是从众。刘备集团的下属代表很多（大部分是这类人），如孙乾、简雍、糜竺、糜芳、蒋琬、董允、李严、黄忠、严颜、马良等。他们之中，或因早年即已追随，或因本身就处荆益二州，没有别的选择，也不想做出其他选择，自然就归入了蜀汉阵营。

（4）门生：这类追随者善于向领导者学习，以增强自身的能力和声望，战胜未来的不确定性，因此他们追随的动机是吸收。刘备集团的门生代表有魏延、马谡、庞统。魏延在诸葛亮死后举兵反叛，这说明此人一直有不臣之心；马谡因受到诸葛亮青睐，向来自视甚高，间接导致了后来的街亭之败；庞统带着凤雏之名入仕，自然不甘居人后，但也因为急功近利而丢掉性命。

（5）学徒：这类追随者希望有朝一日能够成为新的领导者，他们追随的动机更多是效仿。刘备集团的学徒代表人物是诸葛亮和马超。诸葛亮在出茅庐之前就为自己积攒了足以撼天动地的名气，在出山之后确实帮助刘备快速奠定基业，其能力和声望都足以支撑他在刘备死后成为蜀汉的实际掌权者。马超是西凉太守马腾之子，投降刘备实属无奈之举，相信他和孙策一样，怀有复兴父亲基业的大志。但诸葛亮与马超的不同之处在于，诸葛亮的领导之位在蜀中，马超的梦想之地却在西凉。

通过对刘备集团的剖析，我们能够看出不同类追随者有不同的追随动机，领导者应据此选择相应策略。

忠臣的追随动机可以概括为"我和领导者想的一样"，领导者要让忠臣始终坚定自己的选择是正确的。关羽和张飞一直不忘追随刘备是为了

"复兴汉室"这样的大事业。

粉丝的追随动机可以概括为"我爱领导者，所以也爱组织"，领导者要让粉丝感受到自己同样被爱着。赵云在长坂坡为了刘备集团的存亡拼尽全力，刘备也为了表示对赵云的疼惜怒摔自己唯一的孩子；徐庶到来后，刘备交出兵符将令，任由徐庶调派；张松被曹操责打赶出，刘备百里相迎，极尽尊重，张松备受感动主动献图。

下属的追随动机可以概括为"你是领导者，我就听你的"，领导者只需做出合理且公平的领导行为即可。刘备对于下属的任用尽量做到人尽其才，对于益州旧部也能酌情留用，提拔新人的同时，也重视老将。定军山一役就是益州旧部法正配合老将军黄忠战而胜之。

门生的追随动机可以概括为"我想学习你"，领导者的应对策略则是"没问题，我教你"。虽然刘备集团的门生最后都没有学成什么，但无论是刘备和庞统的配合，还是诸葛亮器重马谡，都能够让门生安心效力。魏延则是门生的另类，他认为跟领导者学不到东西了，就希望另起炉灶。

学徒的追随动机可以概括为"我想成为你"。这种情况很麻烦，领导者既要让学徒明白"你有机会做到我的位置"，又要打消学徒随时可以取代自己的想法。诸葛亮是刘备最为倚重的臣子，也是他的托孤之臣，刘备当然希望诸葛亮能全心全意辅佐自己的儿子，但也深知以诸葛亮的能力和声望想要抢班夺权易如反掌，所以他在托孤时先说出"能辅则辅，子不成器君也代之"的话，完全切断了诸葛亮的野心。但事实上，诸葛亮是否有野心或者鞠躬尽瘁，不是我们讨论的内容，但是让学徒类追随者认识到凭借自己的能力未来可以做到领导者的位置是非常重要的，既不荒废人才，也能让组织保持良性运转。

## 以行为区分被领导者

管理学家罗伯特·凯利认为:"拥有各种动机的追随者都可能表现得很好,因此,区分追随者是否卓有成效的关键因素不是动机,而是他们的行为。"

凯利提出了两个行为维度:一个是追随者是否具有独立的、批判性的思考;另一个是追随者的行动的积极程度与消极程度(见图2-2)。

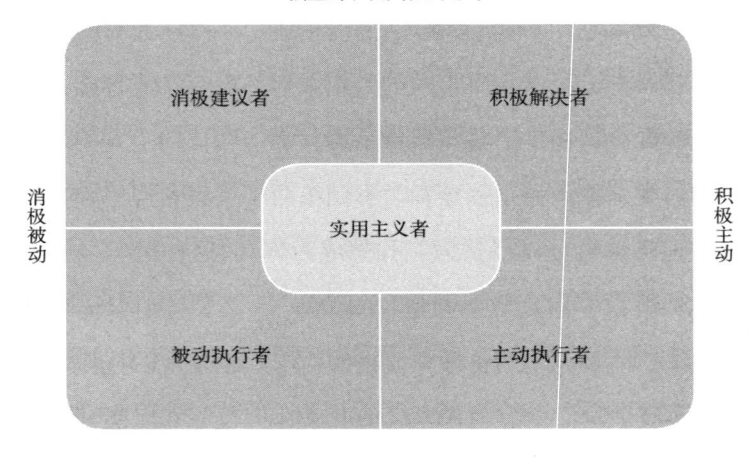

独立的、批判性的思考

| 消极建议者 | 积极解决者 |
|---|---|
| 实用主义者 | |
| 被动执行者 | 主动执行者 |

消极被动　　　　　　　　　　积极主动

依附的、非批判性的思考

图2-2　罗伯特·凯利的行为维度

人的行为离不开这两个维度,且轻重程度都在这两个维度中。思考要么是独立的、批判性的,要么是依附性的,攀附在领导者的思维中;行动要么是积极投入为组织创造正价值,要么是消极怠工或被动参与为组织带来负能量。

孙吴集团的崛起与发展分为三个阶段：孙坚带领部下参加十八路诸侯讨伐董卓，失败后返回途中被刘表部将黄祖所杀；孙策在短暂依附于袁术后，用传国玉玺换得兵马，建立江东基业；孙权在孙策亡故后接掌父兄基业，建立东吴政权。

这三个阶段都有能臣武将归附和涌现。程普、黄盖、韩当都是孙坚旧部，张纮、张昭、鲁肃、周瑜、太史慈等是孙策时代的文武重臣，还有甘宁、蒋钦、周泰、凌统、潘璋、吕蒙、董袭、徐盛、丁奉、陆逊、阚泽、顾雍、步骘、诸葛瑾、陆绩、虞翻、薛综、程秉、严峻等都是东吴名臣。

根据凯利的两个行为维度，可以将追随者划分为五类——消极建议者、积极解决者、积极执行者、被动执行者、实用主义者。下面，笔者将这些东吴的开国功臣进行归类，看看他们都有怎样的追随行为？

（1）消极建议者：这类追随者有自己的独立思考，会批判性地看待问题，常会对现行方案提出质疑和反对，却不能提出自己的解决方案，因此会给组织带来极大负能量。东吴集团消极建议者的典型代表是张昭，在曹操率大军直逼赤壁时，作为东吴首席文臣的张昭一直反对武将们的抗曹想法，却又拿不出其他解决方案，最终倒向了投降派。

（2）积极解决者：这类追随者具备独立思考和辨别事物本质的能力，如果认同领导者的决策就全力支持，如果不认同领导者的决策或者领导者暂时无法做出决策，他们会提出自己的建设性方案，并努力将方案的障碍排除，力争为组织带来更多正能量。东吴集团积极解决者的代表是鲁肃和周瑜。同样是面临曹操大军压境的局面，鲁肃更为冷静，判断得更加准确，他告诉孙权臣子们皆可降曹，仍不失官爵职位，但孙权若降必将不被所容，刘琮的下场人尽皆知。（荆州牧刘表死后，其妻蔡氏联合蔡瑁、张允废长立幼，刘琮继任，却被胁迫投降曹操，最终母子被杀。）鲁肃一面劝说孙权抗曹，一面对外联系刘备，并将诸葛亮接到江东，希望两家组成孙刘联盟。孙策病亡前曾嘱托孙权"内事不决问张昭，外事不决问周瑜"，如今张昭主降，军事是外事，周瑜的意见变得至关重要。但周瑜丝毫没有降曹之意，反而给孙权列举了曹军的几大弱点和吴军的几大优势，最终说服孙权决意抗曹。作为抗曹总指挥，周瑜运筹帷幄，先用反间计诱使曹操杀了蔡瑁、张允，又用苦肉计让曹操相信黄盖投降，再用连环计锁死曹军船只，最后用火攻之计一战而胜。

（3）积极执行者：这类追随者在执行任务时积极主动，总是出现在领导者最需要的地方或者任务最紧要之处。东吴集团积极执行者的代表是黄盖、阚泽、吕蒙。黄盖早年追随孙坚，又随孙策东征西讨，到孙权时期已是江东三世老臣。在赤壁之战的关键阶段，黄盖自愿行苦肉之计，将素来以奸狡著称的曹操引上失败之路。阚泽是东吴名仕，既有谋略，又不失忠义，在文臣主降时，他站在了主战的武将一边。在黄盖行苦肉计后，他愿意冒险去献诈降书，勇略激变，全身而退。阚泽最高光的时刻是以全家性命为保举荐陆逊，历史上才有了火烧连营。周瑜之后有鲁肃，鲁肃之后有吕蒙。为夺得梦寐以求的荆州，吕蒙先用装病计骗得关羽松懈，将荆州主力调往樊城，后亲自率军白衣渡江偷袭荆州，随后又斩杀回援的关羽。

（4）被动执行者：这类追随者独立思考能力很差，又缺乏主动性和责任感，领导者需要替他们思考该做什么。东吴集团被动执行者的代表是顾雍、步骘、陆绩、虞翻、薛综、程秉、严峻等。曹操占领荆州后，兵峰直指江东，这些人便开始盘算自己的退路，一味劝主投降，虽然他们都极富才华，但在遇事决断和个人风骨方面着实不敢恭维，可做盛世贤臣，却不是乱世良臣。

（5）实用主义者：这类追随者懂得辨识风向，顺势而行，在变革的浪潮中，会有所行动以求生存，但也不会委屈自己。东吴集团实用主义者的代表是太史慈和陆逊。太史慈原是刘繇部将，孙策征讨江东大战刘繇时，用计将其活捉。孙策晓之以理动之以情，太史慈知道自己终遇明主，甘愿投降，但希望自己能被放回招揽旧部，约定次日午时返回。孙策同意，众将除周瑜外皆反对，孙策却坚信太史慈的忠义，果然第二天中午太史慈带兵而还。

通过对东吴集团的剖析，我们能够看出不同类追随者有不同的追随行为，只有积极解决者才是卓有成效的追随者，他们在自我管理、投入度和胜任力方面都超出了其他几类追随者。他们无须鞭笞，无须过多管理，只需给出题目就能得到漂亮答案。但这类追随者的数量毕竟很少，而且是可遇不可求的。领导者的重要任务就是挖掘和培养积极解决者，使自己的组织变得强大。

领导者可以酌情向消极建议者咨询建议，但不要深入追究，只需达到有助于自己更深层次厘清问题即可。在日常管理工作中，消极建议者的能力是可以仰仗的。

积极执行者也是组织中的宝贝，作为领导者一定要注意保护他们的主动性和责任心，将具有挑战性的任务派给他们，任务执行完毕给予其应有的奖励。

被动执行者不是组织的宝贝，却是每个组织中都会存在的一类人，领导者无须将他们弃用，只需做到用其所长，避其所短，将他们放在合适的位置上做些力所能及的事情即可。

实用主义者在团队中的数量通常是最多的，他们不会一马当先，但也不会落在最后，他们会审时度势，也能够进退自如。对于能够完成的工作会尽心去做，对于不能完成的工作也不会逞强好胜。领导者要有分寸地使用他们，给他们安全感和归属感。

## 以过程区分被领导者

无论是以动机还是行为区分被领导者,这两种方式都是静态的——假设被领导者的动机或行为是基本不变的。但人的动机和行为是很难保持长期不变的,多多少少都会有一些变化,有的人还会发生反转性变化。

比如刘备集团的刘封,作为刘备的养子,他对刘备集团的忠心从未被怀疑,但在关羽大意失荆州派人向他求援时,他和孟达拒不出兵,坐看关羽被杀。后又怕遭到报复,和孟达一起投降了曹魏。再说孟达,在诸葛亮掌政蜀汉、频频北伐中原之时,他良心再次发现,和诸葛亮联系要起兵反魏,但事不机密被司马懿得知,未等举事就被剿杀。

刘封和孟达是三国时期两个并不出名的人物,但他们却上演了叛而复叛的戏码。人性是坚韧的,人性也是脆弱的,可以在千难万险中共同迈过,却在繁花似锦中越走越远。李肃和李儒是董卓两个非常重要的部下,李儒还是其女婿,他们和李傕、郭汜等将共同扶保董卓欲成大事。但在董卓进京后,因为各种原因渐渐与这二人疏远,最终李儒闭门不出,李肃成为反董派。

因此,对于人的分类最好是动态性的,以追随的时间为主线,通过时间线的变化区分被领导者的类型。

曹操举孝廉入仕,在剿灭黄巾军的战斗中立有战功。后追随袁绍讨伐董卓,在十八路诸侯中虽然实力不是最强的,能力却是最强的。后联军兵败,在族弟曹洪的鼎力支持下重新招募兵勇,两次创业,完成了原始积累。屯兵兖州时,文有谋臣荀彧、郭嘉、程昱、荀攸、刘晔,武有猛将典韦、夏侯惇、夏侯渊、曹仁、曹洪、曹休、曹纯、于禁、李典、乐进、徐晃、许褚等，威名日重。在徐州剿灭吕布后，又收降大将张辽。与袁绍的官渡之战，不仅得到河北谋士许攸的反助，还得到了河北名将张郃和高览。在兵不血刃得到荆州后，封降将蔡瑁、张允为水军正负都督，同时又得到了大将文聘。此外，帐下还有贾诩、徐庶、戏志才、陈登、钟繇、华歆、辛毗、陈琳、杨修、刘祯、阮瑀、蒋干、李伏、许芝、陈群、王朗、司马懿、史涣、韩浩、车胄、毛玠、庞德、满宠、臧霸、李通、王忠等。至此，曹操一生的事业走向了巅峰，这些文臣武将为曹魏代汉打下了坚实的实力基础。

创业是发动群众制造问题的过程，领导力则是团结群众解决问题的过程。团结群众就要了解群众：他们为什么会在某个时间段追随某个领导者？美国学者埃弗雷特·罗杰斯在20世纪60年代提出了"创新扩散理论"，是一个关于通过媒介影响他人接受新观念、新事物的理论。领导力是一种特殊的创新扩散，涉及社会体系内部成员的价值观和行为方式的改变。

在团结群众解决难题的过程中，根据追随者对难题的认知先后、对解决方案的接受先后、对实施解决方案的先后投入，再借鉴罗杰斯对创新扩散的分类，笔者建立一个动态的追随者分类——急先锋、积极的前军、坚固的侧翼、保持队形的后队、散兵。

（1）急先锋：这类追随者通常是变革发起者的首批下属，他们会坚定地跟随领导者进行变革，或者直接成为变革的推动者。曹魏集团的核心成员都是最早加入的，急先锋的代表人物有"四大谋士"郭嘉、程昱、荀彧、荀攸和"二曹"（曹仁、曹洪）、"二夏侯"（夏侯惇、夏侯渊）。他们一路辅助曹操从弱小逐渐成为北方之主，每个人都居功至伟。仅举两人事例：郭嘉将一生都奉献给了曹操统一天下的事业，临终还托书曹操遗计定辽东。夏侯惇在与吕布军作战时，被流矢射瞎左眼，但不顾伤痛仍奋勇冲锋。

（2）积极的前军：这类追随者同样在早期便认同领导者，坚定不移地走在领导者指引的道路上，成为坚固的盟友。曹魏集团积极的前军代表是典韦、许褚、于禁、戏志才、刘晔等。典韦是曹操帐下第一猛将，担任中军护卫，最终在宛城之战中因护主而亡，曹操每当想起典韦都忍不住落泪。许褚被称为"虎痴"，曾大战马超，被曹操专派"护卫"汉献帝，可见对其能力和忠心的认可。戏志才也是早年跟随曹操的重要谋士，很受器重，可惜早逝。于禁在曹操宛城兵败时，不顾自身被冤陷背叛的罪名，率军杀败趁机反叛的青州兵马，力保曹军反败为胜。刘晔在官渡之战中献上霹雳车之计，稳住了曹军阵脚，保留了日后取胜的机会。

（3）坚固的侧翼：这类追随者在奋斗过程中逐渐发现优质领导者，然后果断弃暗投明，成为新组织坚固的侧翼，既保障了组织的安全前行，又为自己找到了最佳成就之路。曹魏集团坚固的侧翼代表有贾诩、陈登、张辽、张郃、高览、庞德。贾诩被称为"毒士"，因为其计谋毒辣且每计必中，曾经献计张绣降而复叛，曹操因此损失了大将典韦、长子曹昂和侄子曹安民；在归附曹操后，曾献计离间韩遂和马超，导致西凉军内讧而大败。陈登祖居徐州，先后服务于陶谦、刘备、吕布，但最终选择归附曹操，用连环巧计令吕布连失萧关、徐州、小沛，最终被围下邳。张辽原是吕布部将，为人忠义，后成为曹魏集团主力干将，八百破十万，威震逍遥津。张郃、高览都是袁绍旧将，因受郭图挑唆，导致被无端猜忌，无奈投奔曹操，此后东挡西杀，张郃年老时仍在战场拼杀，对阵诸葛亮。庞德则是马超旧部，部队溃败后投降曹操，在樊城之战中被关羽所杀，死前高呼："勇士不怯死以苟免，壮士不毁节而求生。"

（4）保持队形的后队：这类追随者在变革已经成为大势所趋后，会选择投身其中，但并不用尽全力，也不给领导者添乱。曹魏集团保持队形的后队代表有蔡瑁、张允、陈琳、阮瑀、司马懿。蔡瑁和张允都是荆州主将，面对来势汹汹的曹军，两人选择不战而降，被曹操任命为水军正负都督，后被周瑜用反间计所杀。陈琳和阮瑀位列"建安七子"，在曹魏阵营主要担负主笔重任，当时的军国书檄文字，多由此二人所拟。司马懿因为出道时间晚，急先锋和前军都没有他的份儿，也算不上坚固的侧翼，前期的他就是一名保持队形的后队成员，但后期逐渐滑向了散兵之列，不再追随曹魏集团，而是另立门户。

（5）散兵：这类追随者或者一直不愿追随，或者尽管做出一些追随的努力，但无法与团队保持相同节奏——能力不够。曹魏集团散兵代表有杨修和蒋干。杨修不是不愿意追随曹魏集团，而是站队时不愿追随曹操选中的后继人，等于背叛了曹操的事业，再加上恃才狂放最终被杀。蒋干是真心追随但能力有限，赤壁之战两次过江到东吴都被利用，一次引得曹操斩杀了军中仅两位懂水战的蔡瑁、张允，另一次引来了庞统的铁索连舟之计，间接导致曹操输掉大战。散兵不可怕，散兵多些也会伤筋动骨，致命的是出现了司马懿这样的散兵，为领导者效力时"很散"，为自己谋事业时却紧锣密鼓。

对于上述五类追随者，领导者应采取的策略是：容忍急先锋，联盟积极的前军，亲和坚固的侧翼，鞭策保持队形的后队，淘汰散兵。

组织中的急先锋都是宝贝，他们有能力、有魄力、有信心、有志向帮助领导者实现大事业。但能力和性格往往是相反的，能力突出的人，都具有独立思考的能力和超越常规的行事作风，一言以蔽之，就是"不听话"。作为领导者要有接纳忠言逆耳的胸怀，更要有容忍人才犯错（非原则性）的襟度。曹操早年起兵讨伐董卓，遭遇荥阳大败，全军溃散。危急时刻，曹洪将自己的马让给曹操，说"天下可没有曹洪，但不可没有您"，自己徒步牵马，保护曹操脱离险境。之后曹洪散尽家财，将家兵千人和所募兵士数千全部交给曹操，曹操才得以东山再起。此后曹洪的军功不再突出，逐渐骄纵享乐，更有纵容门客屡次犯法的脱序记录，曹操多次批评警告，令其收敛，但并未重罚。郭嘉去世时曹操痛苦大呼"呜呼奉孝，哀哉奉孝"，可见其对郭嘉的器重。但在曹操帐下具有和郭嘉同等奇谋勇略的还有程昱，但程昱不像郭嘉性格温厚，常因性情急烈、态度不佳导致一些建议不被曹操采纳。但当有人诬告程昱谋反时，曹操却不以为意，依然赐待益厚，绝对相信程昱的忠心。曹操非常明白一个道理：嘴不饶人心地善，心不饶人嘴上甜。

积极的前军如同组织中的意见领袖，他们首先意识到需要创新、需要变革，但他们也曾是旧习惯的拥护者。在"新"与"旧"的切换过程中，有的人可能会变成边缘人，社会学家奥尔格·齐美尔将此类人概括为"组织中的陌生人"。曹操在刺杀董卓失败后沦为全国通缉犯，在中年县被捕下狱，本无生机可言，但县令陈宫不仅将他放了，还抛家舍业一同出逃。但在曹操一番杀害故友全家的操作和一句"宁愿我负天下人，休教天下人负我"的价值观输出后，选择与其分道扬镳。陈宫最后成了吕布的谋士，在白门楼甘愿受死。这是曹操创业早期非常失败的逼走同盟的事例。领导者要采取积极而正面的行动，将这些用于创新变革的前军纳入联盟中。

侧翼是否坚固，通常不取决于侧翼的能力，而是领导者的信任和关怀程度，也就是能否让侧翼得到安全感。保持亲和、公平公正、奖惩分明，侧翼能够清晰地看到辅助领导者具有光明的未来，便可主动形成坚固的力量。贾诩曾计败曹操，长子爱将皆丧于此败，但曹操并未记恨，更没有保护，而是以才而论重用贾诩。贾诩不仅在曹操时期是重要谋士，还为曹丕上位代汉自立出力，保证了曹魏江山前期的顺利过渡。

后队往往随大部队跟在后面的，他们需要被鞭策才能保持队形，当后队的数量积累到一定程度时，也有机会成为引爆点。到曹丕继任魏王时，曾经和曹操一起打天下的文武功臣,或者已经离世,或者因为年事已高不问政事,也就是急先锋、前军和侧翼的数量在减少,曾经的后队逐渐走上前台,钟繇、华歆、辛毗、李伏、许芝、陈群、王朗等人成为逼迫汉献帝退位的主力。

毋庸置疑,散兵是要淘汰的,虽然零星散兵对组织整体不能构成大威胁,但他们也会在创新变革中产生负面作用。就像笔者提到的杨修和蒋干,心是好的,结果却很糟糕。司马懿则连心都是不好的,结果更糟糕。因此,无论只有忠心的,还是只有能力的,只要是散兵性质的,都要淘汰。还有一种现实中很常见的"混日子"的散兵,就像徐庶,既不表现能力,也不展现忠心,反而在赤壁大战的关键时刻为自己谋利益。如果组织中存在这样的散兵,同样必须淘汰,将位置留给合适的人。

## 走动式管理

2012年5月《财富》杂志发表了题为"惠普是怎样迷路的"报道,描述了陷入困境中的惠普。惠普公司成立于1939年,曾以"惠普之道"享誉企业界,畅销一时的《追求卓越》和《基业长青》都曾将惠普公司列为美国最优秀公司的代表,它怎么迷路了?

其实,在这篇文章发表的8个月前,惠普公司外聘的新任CEO梅格·惠特曼在上班第一天似乎就知道了惠普是怎样迷路的!

惠特曼开车被引导进入一个有单独入口,被绿色栅栏围起来,顶端装有铁丝网的停车场。惠特曼很吃惊,曾经惠普公司的两位创始人都没有专门的停车位,更何况是这样戒备森严的高管专属停车场?惠特曼意识到,事到如今,惠普公司已经完全背离了"惠普之道"。

# 领导力革命

所谓"惠普之道",由惠普公司两位创始人之一的大卫·帕卡德正式创立,他介绍说:"在惠普,我们使用一种技巧帮助主管去认识他们的员工,以及了解员工所做的工作,同时也借此让主管与员工多接触,从而对员工产生影响,我们称为'走动式管理'。"

其实,并非惠普公司开创了"走动式管理",从人类有管理活动开始,"走动式管理"便已存在,只是"走动式管理"的术语起源于惠普公司。如今,"走动式管理"已经成为西方管理文化的一部分,其管理理念非常简单,就是企业领导者和高管人员不要总是高高在上坐在办公室里下达命令,而要走出办公室,走到第一线员工身边,建立关系并了解信息。

如果你是一位企业领导者或高管人员,要怎样进行"走动式管理"呢?笔者列举一些领导者或高管人员的实践,仅供参考。

苹果电脑创始人斯蒂夫·乔布斯在担任皮克斯电脑动画公司 CEO 时,坚持要在新办公楼中设置中央中庭,他说:"我们设计这栋大楼的目的,是希望员工们走出办公室,多到中央中庭来走走,因为他们会遇到一些平时不容易见到的人。"乔布斯的方法一经实施很快就取得了效果,员工与员工之间、高管与员工之间、高管与高管之间、领导者与员工或高管之间的联系在中庭中越发变得紧密。皮克斯副总裁约翰·拉塞特说:"最初的那些天,我接连在中庭遇见了一些几个月都没有碰过面的人。"人们经常性聚在一起有什么好处呢?拉塞特说:"我从未见过哪座大楼的设计能如此鼓励合伙和激发创意!"

新上任的惠普公司 CEO 惠特曼采用了和乔布斯一样的方法,虽然没有重建大楼,但取消了公司高层人员的豪华办公室,所有人都搬到了员工的办公位,如果谁不适应这种降档次的变化,可以离开。随之消失的还有那个铁丝电网护卫的停车场,拆除栅栏和铁丝,变成普通停车位,高管开车上班也要自己找位置。其他一些体现"特权"的设置也都被一一取消,惠普公司终于找回了自己的本色,但何时才能恢复企业原有的地位仍是未知数。

对办公室的改造,能够最快速体现"走动式管理"的优势。万豪集团前CEO小比尔·马里奥特每年飞行约15万千米进行"走动式管理"。他建议高管们:每年有一周的时间假设自己没有办公室,然后这段时间搬出办公室。他说:"你也许会发现,自己错过了很多与员工和顾客交流、对业务进行第一手评估的好机会,也错过了改善员工满意度的新方式。"

英特尔公司前CEO安迪·格鲁夫制定过一项制度,他要求中高层管理人员自行组队轮流检查公司大楼卫生。他说:"这项制度的目的不是检查卫生,而是创造机会让中高层人员在公司中多走动走动,他们就可能有机会与一线员工直接交谈,了解第一手信息。"

服务大师公司不仅让中高层管理人员多走动,还要让他们多干活。这家主要为医院和学校提供清洁服务的公司每年会不定期地举办"我们服务日",公司所有中高层管理人员都要下一线干活,以此加深管理层对一线员工需求和客户需求的了解。

工作上与员工一起办公、一起劳动,业务时间可以与员工一起吃饭。职场真人秀《初入职场的我们》中,董明珠到员工食堂吃饭,看到麻辣烫无论荤素都是18元一斤,便让负责人进行调整,她认为荤素应该分开,毕竟有人喜欢吃素,如果每天能节省几块钱,对于员工也是很重要的。很多事情领导者需要亲入一线才能有所发现,和员工一起吃饭聊天,对于领导者同样有所进益。罗伯特·埃克尔特说:"员工餐厅是重复验证'走动式管理'N次的好地方。""走动式管理"无疑在向员工释放出积极信号:领导者关心他们和他们的工作。埃克尔特于2000年5月空降到深陷困境的美泰公司后便开始在员工餐厅排队就餐。有CEO带头,其他高管也只得来员工食堂吃饭,这家公司长期以来形成的管理层与基层之间的壁垒被彻底打破了。在与员工的接触中，管理层开始了解员工、理解员工、主动为员工着想，员工也感受到了管理层的变化，工作的积极性逐步提高，整个公司的氛围焕然一新。

思科公司CEO约翰·钱伯斯的"走动式管理"包含多种方法，他最常用的是"生日聚谈"。每两个月举行一次集体生日——凡是在这两个月内过生日的员工都可以参加，即将离职的员工也可以参加。钱伯斯说，员工入职他可以不知道，但员工离职他一定要知道。但是，高级管理人员不得参加，以免员工因为高管在场而不能畅所欲言。钱伯斯这样做只有一个目的，就是所有想跟CEO说话的员工都能得到机会。

最后，我们以帕卡德的话结束本节："走动式管理听起来简单，但它仍需要技巧并且有一些需要注意的地方。一方面，并非每位经理人都认为那是简单而又自然的事，如果不情愿或者不经常使用它，它就不会生效。另一方面，由于它的主要目的是找出大家的想法和意见，因此需要非常好的倾听技巧。"

# 第三章 定位有效期——从防守型到进攻型

企业定位是有有效期的,要结合所处时代做出符合自身所能提供价值的合理定位。时代的脚步一直向前,到了转折期,定位也要随之转变,以便适应时代,为用户提供更具吸引力的产品或服务。

## ▶ 沃尔玛的再定位

Walmart(沃尔玛)是世界性零售连锁企业,核心定位是尽可能以最低价格为消费者提供品种齐全的优质产品,其运营特点是不断降低从供应商到消费者之间的产品总成本,让利给顾客。

TARGET(塔吉特)是美国仅次于沃尔玛的第二大零售百货集团,采取了和直接竞争对手沃尔玛完全不同的定位,选择以更好的店面装饰、更高的消费者满意度、更上乘的商品品质、更高档的品牌种类,提供给消费者价值更高的商品。

回望过去的发展过程,我们可以知道沃尔玛为什么会做到世界第一,而塔吉特只能紧随其后。沃尔玛第一次定位背后的核心理念是地域扩张，从乡村到城市，从国内到国外，和当时的强敌 Kmart（凯玛特）、Sears（西尔斯）、J.C.Penney（杰西潘尼）进行竞争，低价让利的做法让沃尔玛快速占领顾客心智。毕竟中产阶级和低收入群体占据人口的大多数，他们的购买意愿是既便宜又好用，沃尔玛牢牢抓住这一点，将低价格和高品质进行了最优结合，人们在沃尔玛购物能够同时满足使用和心理的双重需要。即便是经济条件好的顾客，也会在沃尔玛买到质量过硬的产品，同样会得到满意结果。

塔吉特定位于比沃尔玛高一个档次的档位，注定要流失掉很大一部分顾客群体。零售行业客户群体基数是决定性因素，塔吉特的客单价高，但客单数量不足以与沃尔玛抗衡。

但时代在不断变化，观察当前人口结构和消费者类型的变化，展望未来，再来看看沃尔玛和塔吉特哪种定位更符合现在消费者的需求。这种对企业定位的阶段性审视，对于企业来说非常重要。因为可以及时发现危机出现之初的警示信号，如顾客流动量呈趋势性下降，现象的背后一定有某种原因。当沃尔玛和塔吉特的销售额蒸蒸日上时，西尔斯的销售额却停滞不前，虽然尚未下降，但也不见提升，就是一个明显的警示信号。这就像一些知名报纸和杂志的广告投放量在什么时间开始不再增加，也无法优化了，由报纸和杂志选择广告投放企业，变成了广告投放企业选择报纸或杂志，就是大环境给企业传递的信号——时代的面貌已经发生了根本性变化，企业要改变玩法了，否则就要与时代脱节。

危机进一步深入就会有更明显的警示信号出现，即盈利目标中的一个或多个开始下降。这时候企业必须深入寻找真正的原因和后果：是经济形势的原因吗？是因为内部效率比较低（相对于竞争对手）吗？是因为外部环境变化导致业务重新定位了吗？最近几十年与百姓生活密切相关的各类

## 第三章
### 定位有效期——从防守型到进攻型

物品中，电子类产品的演化是最激烈的，利润的增降幅度也最大。20世纪80年代，个人电脑业务的毛利率在35%左右，进入21世纪就下降至18%左右。IBM以个人电脑产业垂直整合的竞争优势逐渐消失，盈利基础出现了极度滑坡，这既说明外部环境正在发生剧烈变化，也说明IBM领导高层应对变化不利。市场空间从硬件转变为软件，IBM虽然较晚地意识到，但还算具备壮士断腕的勇气，在个人电脑业务不断收缩之后，个人电脑部门终将整体出售给中国联想集团。

进入移动互联时代后，沃尔玛的销售额同比增长变得缓慢，表象原因是网上购物的出现夺了沃尔玛的一部分市场，但深层原因则是沃尔玛的定位跟不上时代。普通消费者的收入在逐渐增加，生活条件越来越好，因而有条件也有意愿购买价值更高的商品，当沃尔玛依然停留在以低价格提供品种齐全的优质产品的定位时，消费者的购买需求却变了，他们更愿意去塔吉特购买更高级、更有品位的商品，这就是沃尔玛的销售额增长率逐渐比塔吉特低的原因。

在CEO李·斯科特的带领下，沃尔玛采取了许多重大举措重新定位业务，尝试用新的经营理念来吸引品质日益提高的消费者。为此还做了许多配合定位重塑的行动：在《时尚》杂志上刊登了8页广告宣传所出售的服饰，在纽约举办了一场时装秀，在曼哈顿时尚区开设了一个办公室，聘用一名塔吉特高管进入沃尔玛高层……

在消费者、员工和其他利益相关者心中，企业需要建立清晰的、专一的定位。沃尔玛如此大张旗鼓地进行再定位，会不会造成沃尔玛的品牌形象模糊？进行再定位就意味着要推翻之前的定位，这个过程也是新旧定位交至的过程，产生一些模糊感也属正常，但树立符合时代发展的新定位对企业的未来发展至关重要。只是找到一种简单易行的价值定位，并处理因新定位引发的复杂状况，对领导者的认知能力是巨大考验。

## 随环境快速变化的游戏

固守传统的盈利模式会给企业带来灾难性后果，因为外部力量已经使游戏规则彻底发生了变化。

随着互联网走入千家万户，伴随互联网诞生的软件产品、硬件产品、周边产品层出不穷，其中大部分在深刻地改变着人们长久以来的生活和工作方式。搜索引擎就是其中之一，它的兴起直接威胁到了报刊业的生存根基。如今人们在闲暇之余，已经很少有人想买一份报纸阅读了，而在当年阅读报纸是很多人的爱好。时间再往前一些，当人们仍然购买报纸时，却发现报纸越来越薄了，仔细研究后发现广告少了很多。原因肯定不是报业参与者们"清心寡欲"了，而是他们不再是时代的宠儿了。

报刊业的主要盈利来源有三项：报刊亭销售、报刊订阅和广告销售。一直以来，"铁三角"非常稳固，但突然间，稳定被打破了。

广告投放企业都去了哪里？去了像谷歌这样的新型互联网企业，因为传统报刊/电视媒体的读者/观众开始从其他渠道获取信息，广告投放企业必然也要去新的渠道发布广告。与新渠道接轨后，广告投放企业会彻底遗忘传统媒介，不仅因为通过网络模式广告的传播面会被几何式放大，还因为谷歌可以做以往传统媒介不可能做到的事——测评广告的有效性。

谷歌给广告投放企业提供的是一个比以往好得多的选择，广告投放企业可以把广告关键词发布到谷歌的搜索结果页面上，这样做可以极大提高广告投放的精准率，有很多机会将广告发布给真正对该产品感兴趣的人。

以上只是第一步，提升投放的准确度，不受地域和时间限制。

谷歌给广告投放企业提供了一个传统媒介不能提供的评测：有多少人确实看到了这条广告！这一项功能非常重要，虽然不是所有看过该广告的人都能切实转化为消费者，但通过追踪有多少人点击查看了该广告，可以省去大量的估算工作，带来的直接收益是人力成本和时间成本的双重节省，间接收益是可根据点击量直接预估产品的销售概率，而这个过程在传统媒介中只能排在估算的第二环节。曾经一家汽车企业在《财富》杂志上发布广告，首先要估算有多少人能真正看到这条广告，然后估算看过该广告的人中又有多少人有真实的购买意愿。估算本身就是概率性问题，双层估算的结果就是严重失真，广告具体能为企业带来多大收益是很难评估的。

通过以上两步，谷歌能帮助广告投放企业解决广告投放过程中最大的难题——精准率和转化估算。同时谷歌还能帮助广告投放企业打通重复性这一症结。传统媒介上投放的广告，观众看完一遍之后，很难再去看第二遍，试问，谁能拿着一本杂志或一份报纸来回看呢！（除非极度必要）但在互联网媒体上投放的广告就做到了重复性出现，就像用户打开360浏览器时会呈现一些广告，关闭之后再打开还会有一些广告，因为浏览网站是生活和工作中必需的一件事（但看杂志和报纸却非必需）。

时代在变化，环境必然发生变化，人的各种生活和工作习惯也会随之变化，作为企业领导者首先要跟上时代的脚步，然后适应环境的节奏，才能做到第一时间洞察变革。无论是报刊业还是任何行业，都无法摆脱时代和环境的裹挟，定位就是要找到符合时代和环境的新的收入模式、收入来源以及持续盈利的成本结构。在重新定位业务时，必须从一个不同的、更广阔的背景来看待它。

## 宏观与微观视角

企业之间如何有效展开竞争？是拼团队、拼资金、拼产品、拼价格、拼渠道？如果是这样，诺基亚、摩托罗拉、柯达这些行业巨无霸就不会最终落败，一代鞋王百丽也不会从港交所退市。

传统战略管理通常将企业作为竞争的基本单位，认为哪方综合资源过硬，哪方就能赢。这只是站在企业和管理学家的角度上，他们有时间、有能力也必须认真分析每一项资源。但从消费者认知的角度来看企业，以上这些都太复杂，消费者的脑中无法容纳，消费者也没兴趣关注企业有什么竞争优势，唯一能进入消费者心智的就是商品的优势，商品或者品牌才是商业竞争的基本单位，企业则是支撑商品的商业运营单位。

如何才能制造出能让消费者埋单的商品？不是质量、设计这样的二道环节，更不是宣传、推广这样的三道环节，而是企业或品牌定位的一道环节。就像提到耐克，人们都知道那是高品质运动服饰企业，当你准备购买一双跑步鞋时，会在第一批备选品牌名单里出现耐克的名字。由此可见，无论企业准备与竞争对手拼什么，准确的定位是竞争取胜的坚实基础。

现代管理学之父彼得·德鲁克曾经说过："当今企业之间的竞争，不是产品之间的竞争，而是商业模式之间的竞争。"

通俗地说，商业模式就是通过准确的企业定位，生产出满足消费者需求的产品或服务的综合方式。同样是满足家居需求，宜家家居通过低成本商业模式销售"单一"但不单调的北欧风格的家居产品；红星美凯龙则通过构建"家居大平台"商业模式为顾客提供种类繁多、风格各异的家居产品。

## 第三章
### 定位有效期——从防守型到进攻型

商业模式可分为四种：产品领先商业模式、成本领先商业模式、服务领先商业模式和平台领先商业模式。每一种商业模式都代表着企业定位，而无论成功还是失败的商品背后都是特定的商业模式在起作用。

人们都认为是 iPhone 开创了触屏智能手机这个品类，但智能手机的概念早在 1999 年摩托罗拉推出 A6188 时就出现了，触屏技术则是诺基亚率先掌握，早于苹果公司两年。读者一定会有疑问：将触屏技术运用到手机上不是什么难事，为什么诺基亚不这样做，白白将机会让给了苹果公司？从商业模式的角度思考这个问题，才能找到答案。

苹果公司开创的智能手机背后是 IOS 平台领先商业模式，诺基亚的传统手机背后是产品领先商业模式。也就是 iPhone 注重开放和创新，诺基亚注重通信与耐用，iPhone 可以在时尚、另类上玩出新花样，诺基亚则必须保住"摔不坏、泡不坏"的名声。苹果的 IOS 是开放平台＋数十万 APP 应用，诺基亚的塞班则是封闭系统＋自产自销的内容。

诺基亚从衰败开始就一直在自救，但始终没能重新正确定位，放弃与安卓结盟，选择与微软结盟开发新操作系统 WP，成了压垮诺基亚的最后一根稻草。

无论开创新品类的蓝海多么诱人，但蓝海总是会很快变成红海，逐利者蜂拥杀进来。iPhone 早已没有了一家独大的气势，而是面临诸多后起之秀的围攻，日子越来越不好过。因此，企业领导者不仅要能通过正确定位开创蓝海市场，还要通过重新定位在红海市场中建立竞争优势。

红海市场中的品牌定位之争不仅是企业微观层的竞争，更是决定企业之间生死的终极竞争。

《定位》的作者杰克·特劳特指出："品牌定位就是在顾客心智中针对竞争对手确定最具优势的位置，从而使品牌胜出竞争赢得优先选择。"

开创新品类蓝海几乎是所有搏击商海人士的共同心声，自己独一份，享受全部利益。就像特斯拉一样，跳出传统燃油汽车，开创高级电动轿车新品类。试问，特斯拉的定位是什么？其实开创这个新品的过程就是一个定位的过程。

但开创新品类蓝海是非常不易的，尤其在创业不设防的时代，有智慧的人都在挖掘寻找。所以与其挖空心思去寻找蓝海，不如在已经成熟壮大或者朝阳产业中进行品牌新定位，从红海中辟出一小块蓝海。就像奔驰、宝马、沃尔沃等豪华轿车品牌，它们的定位分别是"名望""架势""安全"，消费者主要的需求是什么，就一定会参考企业定位做出自己的购买决定。只要品牌能够精确定位，同样能在拥挤的蓝海中赢得自己的一片天地。

因此，对企业进行正确定位不仅要求领导者要有宏观的思维来发现新机会，还要有脚踏实地的微观思维来思考用户、竞争对手和商业模式这些现实。成功结合这两种特质非常不易，但并非可望而不可即，拥有良好定位能力的领导者兼具宏观与微观视角。

## 重新定位是心理上的挑战

1997年，富兰克林时间规划公司收购了一家专门从事效能提升培训服务的公司，名为柯维领导力中心。公司重组后命名为富兰克林－柯维公司，主推提高个人效能的产品和培训服务。

公司销售人员负责向目标客户公司的人力资源部门和培训部门的负责人推销本公司的产品和服务。公司成立初期，经营业绩持续走高，拓展了零售门店的数量，并在信息技术上投入重金作为支持。同时，公司继续通过小型并购进行扩张。就在公司一切进行得红红火火时，外部环境正在悄然发生变化，公司定位越来越与客户的购买需求和购买方式脱节，但公

# 第三章
## 定位有效期——从防守型到进攻型

司对此毫无察觉。到了 2000 年，危机终于从数字上显现出来——高负债、负收入、业务萎缩、现金流萎缩。

富兰克林-柯维公司的外部董事鲍勃·惠特曼在这种情况下走到了前台，他是企业重新定位方面的专家。在担任 CEO 伊始就与团队仔细研究各项业务数据，发现业务收入虽然看上去稳定，但却是并购行为在支撑，核心的培训业务早已开始下滑，一些相关产品正在遭到一些电脑软件产品的冲击。

想要确定新的业务发展方向，必须先找到业务的未来在哪里！惠特曼和团队先后拜访了 62 位公司客户，从面谈中了解了一些至关重要的信息。例如，客户公司的决策机制发生了变化，多数公司都开始权力下移，让一线经理决定接受怎样的培训，人力资源部门和培训部门的负责人不再是具体购买决策人。这个转变对于富兰克林-柯维公司是重大利坏，不仅意味着公司的销售人员一直在错误的方向上努力，还说明一线经理们需求的东西和公司所提供的产品与服务的取向不一致。一线经理们要什么？不仅仅是员工知道个人效能的重要性，还有能够将个人效能切实与企业业绩之间进行关联的方法。也就是说，你只告诉客户"应该在最重要的事情上努力"，但大多数人都知道这个道理，却不知道这些最重要的事情是什么，自己应该如何区分事情的重要性。因此，一线经理们想要一个工具，能够清晰、可操作，可以肉眼可见地改善业绩。作为富兰克林-柯维公司的销售人员，必须让一线经理们明白，从这些培训中他们能够得到什么具体的回报，是可以提升生产效率，还是能提高用户的忠诚度？

到了 2001 年年底，惠特曼总结自己的调查结果：公司盈利困难的根本原因是核心理念无法与当前的市场需求相匹配。公司必须进行重新定义，并坚定退出非核心业务领域。

从惠特曼的案例我们知道，重新定位不仅是思维上的挑战，更是心理上的挑战。要以开放的心态接纳来自各方面的建议和批评，还要在没有把握取胜的时候保持信心。案例中，如果惠特曼没有拜访客户，很可能就会被一些不正确的信息干扰，进而做出不正确的结论。惠特曼接纳了各方观点，对公司进行重新定位，公司未来的主要任务是帮助客户公司实现他们最重要的目标——帮助客户澄清重要目标，并提供流程的工具让客户实现重要目标。

重新定位之后，富兰克林－柯维公司从"端鸡汤"的变成了"做鸡汤"的，转变不可谓不大。

# 第四章　目标阈值——边界之内的精准发力

目标不是理想，可以天马行空地设计。目标是领导者希望带领组织到达的目的地，因此设定的目标既要在方向上和数量上恰当，还要具有可行性和鼓舞性。既要让大多数短期投资者接受，也要确保企业能够长期获利。

## ▶ 通用电气的目标调整

目标必须在充分考虑企业现有的和潜在的能力的基础上，结合反映出外部大环境中的机会。判断一名领导者设定的目标是否合理，最好的办法就是观察他在设定这个目标时的思路的正确性。

下面，来看看杰夫·伊梅尔特在2003年为通用电气公司制定的8%有机增长的目标是否合理。

伊梅尔特在2001年接管企业时，通用电气公司的股票已经开始下跌，其中既有外部大环境的影响，也有内部各类问题的原因。当时全球经济正处于"9·11"恐怖事件后的停滞期，虽然投资者们希望看到未来能有比

## 领导力革命

较高的有机增长率，但现实让他们不得不承认大多数企业许下的尚未兑现的收入增长承诺都变得危险。对于像通用电气公司这样的"巨无霸"，投资者对它的收入增长预期最多5%，更多是在3%左右。

通用电气公司内部也对这一年和今后几年的收入预期感到担忧，认为企业又要像杰克·韦尔奇时代那样再来一次大规模变革。但人们期待的大变革并没有到来，等到的是伊梅尔特为企业制定的从2005年开始年收入增长率约8%的目标。

伊梅尔特没有按照投资者预估与经济形势的表象来决定公司的前进方向，也没有从公司过去的业绩和所处的现状出发制定一个平庸的目标，他将眼光放到了未来经济大背景的变化带来的机遇上，将通用电气公司的增长目标确定为约高于世界GDP增长率的两倍。

很多人认为伊梅尔特制定如此大胆的目标，是出于新上任的野心，但伊梅尔特清楚自己是将通用电气公司的发展放在了全球经济的大背景下去考虑分析后的结论。进入21世纪，世界GDP总额突破40万亿美元，年均增长约4%，相当一部分贡献来自以中国为首的新兴市场。伊梅尔特和团队做了大量市场细分调查，认为这些新兴市场的国家和地区在发展过程中需要不断扩大医疗、娱乐、安保和一些基础服务，如交通、能源和净水。通用电气公司的业务范围涵盖了飞机发动机、风力涡轮机、机车、核电厂、煤电厂等领域，完全可以与新兴市场的国家和地区建立相关产品和服务的合作关系。很明显，通用电气公司将面临巨大发展机遇。

设定目标的能力不仅能帮助领导者分析企业的前进方向，还能帮助领导者制定出实现目标的方法。

在制定出备受瞩目的目标后，伊梅尔特明白机遇和风险是并存的，实施过程不能出现战略型错误。他分析了要利用这次发展机会所需的资源，如公司要加大研发和技术利用的力度；建设或购买一些领域的新能力；始终贯彻生产效率改进、运营管理和成本控制等。但是，这些推动增长的举措不能以牺牲通用电气公司良好的财务状况和 AAA 信用评级为代价。

在 2003 年董事会重大改组之际，伊梅尔特将总目标、制定总目标的理由和一系列其他目标提交董事会。目标确立后，伊梅尔特还确定了四项基本措施，以保证目标的完成。

（1）设立成长标准。通用电气公司将设定的标准纳入人才规划和继任者选拔的过程中，并将此运作机制称为"C 标准"。

（2）投资技术研发。在一些重要的新兴市场的国家和地区建立实验室，并翻新通用电气公司原有的研发试验，购入或自开发最先进的研发设备。

（3）重点项目审核。通过新建立的"商业会议"运用沟通机制，将一些超亿元大项目交由"成长性项目评审会"进行监管审核。

（4）改变业务组合。退出一些夕阳业务，如再保险；同时进入一些朝阳业务，如娱乐业。

## 出生即死亡的高危目标

上一节我们介绍了杰夫·伊梅尔特为通用电气公司制定的备受瞩目但却能实现的目标。本节我们再看一看克里·瓦格纳为通用汽车公司制定的高不可攀的死亡目标。

在千年之交，瓦格纳接管了面临很大困难的通用汽车公司。当时，北美的市场份额一直是衡量车企成功与否的标准，而通用汽车公司这一指标已经连续几年下滑，现金流和经营利润都在萎缩。

按理说，瓦格纳此时必须谨慎，不能做出超出通用汽车公司实际承受能力的决策，否则，通用汽车公司失去的不仅是世界最大汽车厂商的位置，还有整个企业的未来。每个人包括瓦格纳自己也知道任务艰巨，但他选择的应对策略不是谨慎，而是勇气，他设定了一个大胆的目标：将市场份额从25%提高到30%。在通用汽车公司市场份额连年下挫的情况下，瓦格纳第一步要做的不是阻止市场份额进一步下滑，而是越过去直接提高市场份额，虽然与公司一起陷入困境的员工和投资者也不清楚瓦格纳如何达到这样的目标，但大家都很支持这个目标，好像希望就在前方。

但是现实总是太残酷，目标实施的第一年，通用汽车公司的市场份额继续下滑，现金流和经营利润也在下滑。第二年情况依然如此，丝毫没有好转的迹象。一直到2005年，通用汽车公司已经陷入泥潭，其间曾数次进行过降价促销，在北美地区亏损达到50亿美元。就是在这一年，发生了自通用汽车公司成立以来最为耻辱的事情，公司股票评级下降，成为"垃圾股"。一些局外人和局内人甚至已经在讨论通用汽车公司破产清算的可能性，因为只有这样才能解决庞大的员工合同和养老金义务的问题。

瓦格纳原本制定的只是夺回市场份额的目标，历经五年却演变成为一场生存之战，既有通用汽车公司自己的问题，也有竞争对手咄咄逼人的实力，当然最关键的还是瓦格纳过度乐观的预期和对市场份额的执着。

不能说瓦格纳在制定目标时有冲动的可能，但可以肯定的是，他一定没有仔细分析通用汽车公司与直接竞争对手丰田公司和本田公司的情况差异。如果有仔细分析过他就会明白，制定那样的目标几乎是不可能完成的任务。

日本汽车企业一直奉行短周期运营，就是在最短的时间内将汽车工业的前沿科技运用到设计中，然后实现批量生产。丰田公司和本田公司都是短周期运营的高手，产品总是比通用汽车公司的新颖，且更能融合消费者想要的科技元素和时尚设计。

# 第四章
## 目标阈值——边界之内的精准发力

丰田公司和本田公司都是产品种类少而精的代表，在全球市场推出的车型比通用汽车公司少得多，更多的研发设计经费运用在更少的车型上，让他们的产品具有更高的品质。反观通用汽车公司仅在美国市场就有70种车型，其中很多车型并不受欢迎，仅仅因为某一个或某几个可供用户挖掘的理念便被保留，研发设计经费被均分在如此多的车型上，导致每一款车型的成熟度和与消费者需求对接方面都存在不足。在这种情况下，通用汽车公司不得不频繁地大规模降价，导致公司盈利能力持续削弱，更为重要的是损害了品牌形象。

其实，瓦格纳在乐观制定目标之前，应该先淘汰不能给企业带来有效利润的车型，保留经典款，并研发新款，在保证质量的同时，努力提高设计品质。然后制定更现实的目标，待企业逐渐恢复元气后，再制定有突破意义的目标。

最后总结，领导者在设定目标时，必须保证思路非常清晰，明白企业要达到什么样的预定目标，并评估目标的可行性。将目标传达下去后，还需要清楚做哪些后续决策。

### 调查和对话

调查是找到问题非常好的方法，但要保证调查是合适的、公正的、没有刻意回避的，也没有故意深入的，才能将问题的根源挖掘出来。

一家成立于20世纪80年代的主业务为纸媒体广告的媒介公司，在进入21世纪后业务逐渐趋于不稳定，后来发展到收入出现了断崖式下滑。新上任的总经理决定在最后一个季度削减500万美元预算。但在实施一个月后，他意识到下滑的收入明年也不可能好转。他现在能做的仿佛就是继续削减成本，尽量保证利润"稳定"，但这并非长久之计。

在之后的时间里，总经理将主要精力放在调查上。由于电子媒体的出现，纸媒体广告的领地不断被挤压，所有细分客户群都转投数字供应商那里去了，这部分收入最终必将枯竭。经过一番调查后，总经理得出了可怕的结果：公司已经不可避免地走下坡路了，继续实行现在的业务模式不仅不能挽救公司，还会更快地将公司推入深渊。

总经理将自己的调查所得提交公司董事会，但公司高层却不愿意面对收入的下滑，只是将这种现状看作总经理的能力问题。又经过了几个季度的成本削减，公司内部搞得人心惶惶，人员流动开始增大，但看不到转机。总经理始终担心公司创始人兼董事长会认为导致这种局面是自己的能力问题，因为该董事长旗下的其他公司都发展得不错，偏偏这家创业最早的企业出现了严重的经营危机。

经过一番心理挣扎后，总经理决定直接向董事长说明情况——目前的模式已经过时了，若不改变业务模式，不重设公司定位，不重置公司目标，仅做削减成本的处理是绝对行不通的。在说明情况的同时，他还向董事长提出了结合时代发展和大环境变化而制定出的调整模式的建议。

可以说，总经理的做法就像一场赌局，董事长能否接受他根本不知道。但结果令人欣慰，董事长具有开放的心态，善于接受新信息，也愿意相信这位年轻总经理的分析和建议。最终，该公司决定进行深入变革，从改变业务模式入手，将企业文化、定位、目标和战略方向都进行了调整，主要负责人就是这位总经理。变革的过程非常不易，总有一些人排斥或拒绝上级下达的目标任务，或者他们不理解或不认同目标背后的逻辑，或者他们仅仅因为更多考虑个人利益。对话是化解各方合作障碍最好的方法，可以极大改变人们从个人角度观察问题的状态，并向大家明确告知虽然实现目标存在压力，但必须实现的目的是什么。该公司经过两年多的艰难改变，不仅成功求存，还获得了很好的发展前景，目前已经成为美国西北部重要的新媒介企业。

保持与下属（或上级）的对话，能保证领导者不会错过一些重要信息。在上述案例中，总经理不仅善于调查，也能与上级进行对话。而那位董事长则能够以开放包容的心态与下级对话，察纳雅言，接受合理建议。

通过对话，领导者可以将目标背后的原因对下属详细说明，并指导下属解决遇到的问题。对话能迫使领导者面对不愿接受的事情，也会及时发现某项决策将带来的无法预料的后果。

## 稳健比激进更具成长性

选择目标并非简单易行的行为，需要领导者能够更大范围地扩展视野并考虑更多因素，包括心态、个性和认知能力以及对行业/企业的充分认识，以确保制定出的目标对于整个企业来说是正确和健康的。

不同的领导者在面对相同的情况时，由于心态、个性、认知能力和对行业/企业的分析不同，所做出的目标决策也会不同。而且，领导者都有自己的情感和心理偏好，会因为过往的一些经历加剧某一方面的情感和心理偏好，在遭遇质疑时可以帮助领导者保持坚韧，但在一些时候也会妨碍领导者进行清晰的思考。

一位图书公司的老板，在北京奋斗九年，仍是小微规模。2018年他突发奇想，要去二线城市建立另一家公司，便开始了一肩挑双担。他很乐观，为新创公司制定的目标是三年内销售码洋4000万元，然后卖掉套现。但是北京公司有4名员工，"准4000万公司"巅峰期则有12名员工。但这位本没有多大能力的老板，美梦做了不到一年就破灭了，套现4000万元的目标没达成，被他寄予厚望的新创公司也关门大吉了。北京公司受到连累，4名员工走了3名，公司运转彻底陷入困境。

雄心勃勃没有错，理想远大也没有错，但如果因此变得骄傲自大，整天自我陶醉，而制定出狂妄、激进、充满想象力的目标，对企业有百害而无一利。

上面列举的仅仅是一家小微企业的领导者，如果是一位上市公司的领导者呢？制定出稳健为主的平庸目标，投资者就会带着钱离开，寻找更具收益的对象。但制定出激进的无法达到的目标，会使公司股票严重下挫，在很长一段时间内都难以恢复。如果激进的目标再加上奖励制度，会加剧问题变质，因为制度将鼓励领导者为达到所制定的单一目标而罔顾这样做会给企业带来怎样的损害。

某公司CEO成功完成一项并购案，公司每股年收入以15%的速度迅速增长。随后这位CEO制定了20%的年增长目标，同时改变了公司的奖励制度：最高领导团队的所有成员（包括CEO）拿出未来两年的奖金购买公司的股票（资金的来源是向公司借入无息贷款先行垫付的形式）。当时公司股价为35美元/股，CEO要求在股价涨至55美元/股之前所有人不得抛出股票，在股价达到55美元/股之后的90天后才能抛出，然后收回现金，并偿还公司贷款。

其中有人提出过质疑，但都被CEO否定了。在目标执行不到一年时，行业整体增长速度开始放缓。CEO希望借助提高公司生产效率来弥补行业下行速度，于是放松了对原材料购入和产品生产质量的监管，导致公司陷入一场产品质量危机中，经过很长时间才得以解决，但公司形象极大受损，公司业绩持续下滑，股价也下跌至24美元/股。

高管们眼见自己损失了很多奖金，对CEO从不满意到不信任，最终一位董事利用领导层的矛盾发起了"90日动议"，迫使CEO离开公司。高

第四章
目标阈值——边界之内的精准发力

管们只得自己掏腰包偿还公司贷款，新上任的 CEO 虽然极力恢复公司信誉，努力扩展市场并开拓新业务，但在其两年半后离职时，该公司股价只有 32 美元/股，仍未恢复到之前的水平。

选择了单一的目标，而且这个目标还是错误的，无论怎样执行对企业都毫无益处。最聪明的做法是制定相对保守一点的目标，但不至于让投资者失去信心，然后超额完成。采用这种目标策略的人，在表现自己的雄心壮志上并不比制定出激进目标的人逊色，而且留有充分的余地在外界环境发生突变时进行调整。

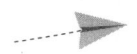

## 目标管理之合理拆分

目标给后续的决策和执行设定了一个基调，也会在很大程度上影响最终达到的结果，但前提是要将目标进行拆分，一步一步实现。

1984 年的东京国际马拉松邀请赛，男子组冠军被籍籍无名的日本选手山田本一摘得。山田本一在自传中写下一段话："我在每次比赛之前，都要提前骑车把比赛线路仔细查看一遍，并把沿途比较醒目的标志画下来。比如一家医院，一家邮局，一所学校，一幢蓝色的房子……这样一直画到赛程终点。比赛开始后，我就专注于跑到第一个目标，到达第一个目标后再奔向第二个目标。42.195 千米的赛程，被我分解成若干个小目标，我的心理就轻松了很多。"

虽然山田本一用了一些篇幅来介绍自己成功的秘诀，其实总结起来，就是将大目标拆分成小目标。

一个大目标总给人遥不可及的感觉，因为目标太远大，可能尚未执行就感觉身心疲累，或者长期努力后仍距目标很远而气馁。因此，领导者需要帮助团队进行目标拆分，将一个大目标合理地分解为若干个小目标，最终将各项任务落实到具体的每一个"单细胞任务"上（见图4-1）。

实现了每一个"单细胞任务"，就等于实现了每一个短期目标；实现了每一个短期目标，就等于实现了每一个中期目标，进而实现了每一个长期目标，最终实现了那个看起来遥不可及的大目标。大目标包含小目标，小目标组成大目标，大目标是实现小目标的动力，小目标是实现大目标的阶梯。

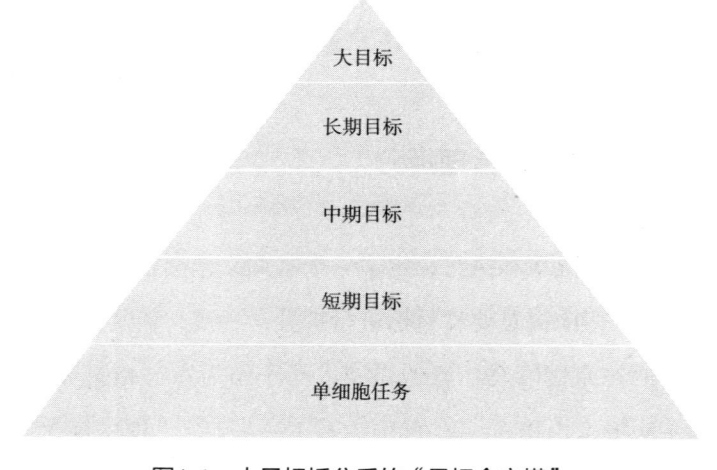

```
              大目标
            长期目标
          中期目标
        短期目标
      单细胞任务
```

图4-1　大目标拆分后的"目标金字塔"

对于大目标的拆分，目标金字塔呈现得很清楚：越往下层，目标越细碎，数量越多，"单细胞任务"组成了"金字塔"的底部；越往上层，目标越趋近整体，数量越少，直至聚合成一个大目标，形成"金字塔"的尖端。

在实现目标的过程中，若能自下而上一步一步地实现，大目标的实现将是必然（不考虑极端外界状况的干扰）。反之，若想越级实现，甚至一步登顶，就会使实现的过程变得十分困难，失败的风险很大。

## 第四章
### 目标阈值——边界之内的精准发力

某创业团队的项目研发进入关键时期,需要融资才能继续下去,且至少融资 2000 万美元。A 负责寻找投资人,对于一个在业内毫无名气的公司,想要获得如此巨额投入是相当困难的,能打出的牌只有手中的项目。虽然一些投资人认为他们的项目不错,但看到融资数额后都表示没有投资意向。

为什么投资人都不是否定项目而否定投资额呢?因为该创业团队的项目确实不错,但还没到能让投资人不惜一切投入的程度,所以投资额太大会让投资人望而却步。经过慎重思考后,A 决定将融资金额拆分开,不再想一步到位融到 2000 万美元,而是一笔一笔地聚合。他在一张纸上写着"2000 万美元",然后在这个目标下面继续写:

(1)找 1 笔 2000 万美元的融资。

(2)找 4 笔 500 万美元的融资。

(3)找 10 笔 200 万美元的融资。

(4)找 20 笔 100 万美元的融资。

将融资额最低降至 100 万美元,很多投资人就会改变想法,凑齐 2000 万美元也不是不可能的。果然,接下来融资进行得很顺利,团队一共拿到了 2 笔 500 万美元的融资,4 笔 200 万美元的融资,3 笔 100 万美元的融资,共计融资 2100 万美元,还超出预期一点。

这就是"化整为零"的神奇之处,将大目标拆分成为便于执行的小目标,使得大目标的实现变得更为快速。因此,作为领导者要懂得将大目标拆分成一个个具体的小目标,逐个实现,这样会更有方向感,也更容易成功!

## 第五章　执行困境——用共识强化效能

导致执行困境的原因有很多，比如决策失误、计划偏差、突发意外等，但这些都属于硬伤，进行重新修正即可。但有些时候，决策正确、计划清晰、没有意外，执行依然阻力重重，这是为什么？是决策人和执行人未能就具体执行事项达成共识，也就是执行人不清楚为什么要执行？为什么一定要这样执行？只有达成共识，执行人理解了执行目的，执行才真正具有效能。

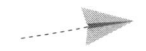

### 领导力是行动

几年前，NBA球队布鲁克林篮网只有凯里·欧文一名超级巨星，在一次采访中，欧文谈到领导力："真正的领导力来自于你的行动……而不是在任何时候都试图过分强调领导力的意义，或者过度解读它，就像在告诉大家'这就是我作为领导者的样子'。因为说实话，更衣室里不止一个领袖。"

领导力的本质是责任和结果，是你做什么（行动），而不是你是什么（职位）或者你有什么（能力）。

# 第五章
## 执行困境——用共识强化效能

领导力是带领团队实现目标,那么目标不同、带领的人不同、所处的情境不同,要求的品质和技能也就不同。管理学大师彼得·德鲁克在《未来的领导者》一书的前言中,阐述了他总结的卓有成效领导者都应知道的四件事情:

(1)领导者最鲜明的定义是必须有追随者的人。无人追随,就不能称为领导者。

(2)广受欢迎或备受爱戴都不是领导力,成果才是。

(3)领导者同时也是榜样。

(4)领导力不是职位、头衔、金钱、荣誉,而是责任。

虽然这四点看似缺乏连贯性,但这正是德鲁克提供给我们的关键词,根据这四点可以绘制出德鲁克领导力模型(见图5-1)。

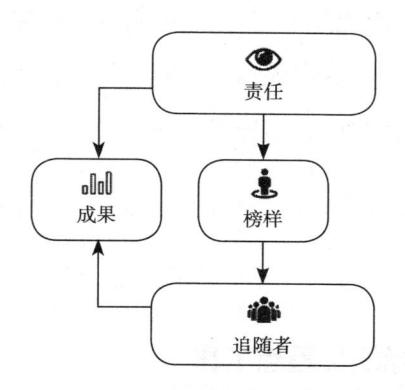

图5-1 德鲁克领导力模型

通用电气公司前CEO杰克·韦尔奇上任后推出了"数一数二政策",他要求公司的每一项业务在所处市场中都必须处于第一位或第二位,否则就会被卖掉或关停。这一做法被很多后来者效仿,但效果呢?如果只是盲目效仿会死得很惨,因为韦尔奇后来改变了这一理念。

在推行"数一数二政策"后,韦尔奇每隔两周会亲自到通用电气公司的培训中心去讲课。1995年的一天,韦尔奇在讲完课后,一位中层经理对他说："'数一数二政策'在断臂求生阶段很有用，但在未来发展阶段只能成为障碍，因为一些业务负责人为了使自己的业务不被淘汰，会对市场进行非常狭窄的定义，使得自己的业务能够在这个狭窄定义的市场中占据第一或者第二的市场份额。这样公司就会错失许多发展机会。"

用韦尔奇自己的话说，就好像被"一拳打在鼻子上"。一些原本不负责的道理，因为沉浸在自己的思维中，就会犯下常识性错误。为了保住业务在市场里的前两名，就会对市场进行各种奇葩划定。意识到了这一点，韦尔奇立刻开启纠正行动，经过一番研究后，公布了一项新政策：重新定义自己的业务，使得市场份额不超过10%，然后投入业务部门的所有精力和创造力，来发现新的方式吸引顾客。

通用电气公司在20世纪90年代后期实现了两位数增长，与这项及时修改的政策密不可分，往深层探索是与韦尔奇的超强行动力密不可分。当发现原政策出现执行困境时，领导者必须用行动及时修正，形成更有效的共识，强化执行效能。

## 正确目标搭配重点工作

作为领导者，很可能面对这样一种情况：设定了正确目标，却选择了错误的重点工作。这种情况下，目标的实现将变得困难，但企业最起码还在正确的道路上，只是抵达目的地的时间会晚一些或者根本没机会抵达目的地。

还有一种情况更加糟糕：设定了错误目标，又选择了错误的重点工作。目标设错意味着企业的方向选错，与成功南辕北辙。重点工作选错了则是加速奔向失败，企业必将陷入危机。

在第四章"出生即死亡的高危目标"一节中，我们谈到克里·瓦格纳为通用汽车公司制定的高不可攀的增加市场份额的目标，就是一个错误的目标。为了实现这个错误的目标，瓦格纳还设置了一系列重点工作来配置手中有限的资源，其中最关键的重点工作是将现金流和人才分配到各种车型上，力求全面发展。在经营利润和现金流都缩水的前提下制定出这样的重点工作，结果显而易见，通用汽车公司继续丢失市场份额，现金流的问题进一步恶化。

那么，依据当时通用汽车公司的状况，现实的目标是什么？应该采取什么重点工作来实现目标呢？

目标可以分解为三点：①确保生存，关键是控制现金流的去向和流出速度；②扭转经营状况，关键是实现收支平衡，甚至些许盈利，通过运营实现现金流流入；③重建企业形象，关键是打造通用汽车品牌，质量为王。

制定目标容易，找到实现目标的重点工作却不容易，粗略计算有几百个小目标都要去实现，但不能眉毛胡子一把抓，需要执行重点工作，领导者要时刻关注实现目标的重点工作。下面笔者尝试代替瓦格纳给当时的通用汽车公司开一份重点工作的药方，仅供大家参考：

（1）找出对公司最重要的一个细分市场。通用汽车公司不能再维持超多款的经营模式，而应该专注于一点或几点，为消费者提供他们想要的产品。公司应投入相当一部分现金和最优秀的人才来保证对细分市场产品的深入打造，目的是确保公司能够以适当的成本生产出高质量的产品。目标达成后，生产出的优质产品会带来现金回流，说服经销商和供应商继续与公司合作，大幅提升投资者与外界对通用汽车公司的信心。

（2）获得更多现金。通用汽车公司已经意识到应该控制现金的流出，在2006年便将红利削减了一半。但这仅是杯水车薪，真正消耗公司现金的是数十款同时在线的车型，要保证这些车型都具有一定的竞争力，需要大量的现金流和人才的投入，但因为资源分配太过分散，最终的效果并不理想。削减生产线已经迫在眉睫，而且必须这样做。但会带来一个后果，就是导致市场份额下滑，将提高市场份额作为目标的瓦格纳必定不会这样做。

（3）尽快关闭产能过剩的工厂。那些工厂生产出的产品收入将继续下降，越快将它们关闭就越有利。

（4）考察公司领导层。看他们是否具有公司赖以生存的带领团队进行设计、工程制造、市场营销的专注能力和优秀品质。

### 让执行者理解并认同计划

当我们与组织全体员工进行清晰的沟通后，目标就能协同所有人的能量，也将会对人的行为产生极大影响。

克莱夫·纳德勒接任《太平洋》杂志主编时，这家久负盛名的纯纸质媒体正在遭受来自互联网的巨大冲击。杂志发行量不断下滑，广告客户纷纷转至网上，他们给出的理由是该杂志的读者群体太老了，文章也太长了，在你们这里做广告已经达不到预期效果了。一些优秀的年轻作家也被蒸蒸日上的在线杂志挖走了，剩下的都是在纯纸质媒体工作了N年，建立起自己专业声誉的人。这些人当年都是非常出色的，才得以进入《太平洋》这样具有声望的杂志社。

但曾经的人才支撑不起现今的时代，曾经的模式也走不通现今的路径。纳德勒的目标是将杂志的发行量和广告量稳定在现有水平，不求快速恢复，只求不再下滑，同时削减成本，至少要保证与现在持平的盈利能力。

电视剧《编辑部的故事》中，第一集就是他们的杂志《人间指南》沦为废纸的故事，因为跟不上时代，杂志的内容严重落后，被读者无情抛弃。但编辑部的几个人没有认输，在主编的带领下做出了改变，逐渐由被人遗忘变成了受人追捧。

《太平洋》有机会实现逆风翻盘吗？纳德勒在一次会议上向大家宣布了他为达到目标对编辑部采取的一些重点工作，分为五项：

（1）取消时事主题。因为网络的出现，时事消息在网上可以第一时间看到，而且更加丰富，读者花钱买月刊不是为了看一些其他地方可以随处看到的信息。

（2）吸引年轻读者。想要吸引广告商，首先必须吸引年轻读者，杂志要改变风格，多设计一些年轻读者感兴趣的主题，如个人财务规划、健身、职业引导等。

（3）做全能编辑。曾经的单一话题专家将被淘汰，编辑必须能够写广泛题材的文章，而且每个月不止写一篇，文章篇幅也不再是早已习惯的"时评"。

（4）建立外包业务。为削减成本，许多主题都将外包，交给那些收取计件报酬的自由撰稿人来完成。

（5）打造杂志形象。聘请一位企业形象设计专家，重新设计杂志的总体形象，包括封面、Logo，并且开设网站，与时代全面接轨。

毫不奇怪，这几项措施在编辑部引发轩然大波，大家觉得工作完全被颠覆了，曾经的"专家"如今要成为"通才"，曾经一个月一篇的宽容进度将变成每月多篇的压力，曾经能够深入钻研所写文章所涉及的专业知识，如今只能通过网上搜索大量资料来组稿。

纳德勒理解这些抱怨，他没有强求大家必须快速改变，而是经常在公司餐厅边吃饭边和编辑们沟通，通过摆事实讲道理让大家明白改变对于杂志社的重要性。"在我当时考虑接受这份工作的时候，按照我对当时形势的判断，这份杂志肯定撑不了4年时间了。"他告诉大家，"我们都喜欢老方法，但老方法现在已经不起作用了，我们必须改变，而且不能是缓慢和渐进式的改变。世界变化得太快了，如果我们不想落伍，就必须同样快速地变化。"

虽然一些人最终还是离开了，但大部分人留了下来。这些人逐渐在新的工作模式中找到了乐趣，能够接触一个个完全陌生的领域也很不错，能够看到自己每一期都有多篇文章发表也很欣慰。第二年，《太平洋》的发行量有所回升，纳德勒的目标实现了。

当人们不认同领导者设定的重点工作时，也是考验领导才能的时候，决不能以权压人，必须通过有效的、平等的沟通让具体执行计划的人理解并认同计划。

## 资源配置模型

能够以正确的工作重点推动资源分配，对企业来说是非常重要的。尤其是拥有多个产品线的企业，即便当前业绩非常好，这一问题同样重要。资源流动是判断企业在短期和长期的发展方向的重要指标，不掌握资源流动的领导者不具有真正的权力。

汤姆逊公司拥有四个主要部门和六十多个主要细分业务，随着市场的不断变化，各部门和细分业务在公司内的地位经常变化，有时候这个部门成为公司的核心，有时候那个部门成为公司的核心。核心部门的变化意味着主推项目也随之变化，如何将资源从一些部门中提取出来，投入优先发展的项目中，对于汤姆逊公司是很关键的。只有顺利将现有资源进行重组和重新分配，确保资源被有效利用，公司才能通过关注业务细分的增长和业务回报将业务推到更高的阶段。

资源重配的过程是极具挑战性的，因为资源的转移代表了重点工作的转变，也意味着向新的核心部门转移责任的权力。矛盾往往容易在这个时期出现，就像威讯联合半导体公司无线产品的副总裁埃里克·克里维斯顿所说："人事调整是特别困难的事情。"

但汤姆逊公司通过独特和熟练的分析模型，使复杂的事情变得简单易行。他们的模型是从收集每个细分业务准确的历史财务信息开始的，包括资本支出、收入增长、自由现金流利润等。企业的每一个细分业务都可以放入图 5-2 所示四个象限中的任一象限里，纵轴表示有机增长部分，横轴表示自由现金流利润。

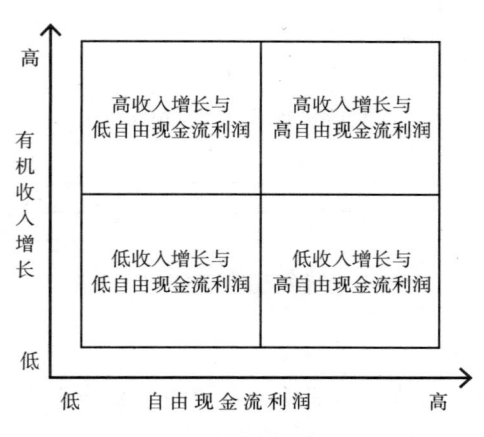

```
                    ↑
                  高│
                    │  ┌─────────────┬─────────────┐
                    │  │ 高收入增长与 │ 高收入增长与 │
         有        │  │ 低自由现金流利润 │ 高自由现金流利润 │
         机        │  ├─────────────┼─────────────┤
         收        │  │ 低收入增长与 │ 低收入增长与 │
         入        │  │ 低自由现金流利润 │ 高自由现金流利润 │
         增        │  └─────────────┴─────────────┘
         长        │
                  低│
                    └──────────────────────────────→
                     低    自由现金流利润    高
```

图5-2　资源配置模型的历史分析

落入高收入、高自由现金流利润象限的细分业务是企业最需要的，也是必须保留和主推的；落入低收入、低自由现金流利润象限的细分业务是企业最不需要的，即可以随时砍掉的；落入高收入、低自由现金流利润象限的细分业务也是企业所需要的，应该被保留；落入低收入、高自由现金流利润象限的细分业务并非企业不需要的，但是要抓紧改进的。

分析并非到此为止，每个象限都能反映出汤姆逊公司在每个细分业务中的资本支出情况，这些支出将被分为效率、增长、维护和无用四类。

将有机收入增长作为增长指标，自由现金流利润作为回报指标，再结合汤姆逊公司的内部研究可知，自由现金流利润指标能够兼顾盈利能力和资本密集度的特性，因此常被用于投资资本改进中。

资源配置模型不仅要回望过去，还要展望未来，因此还有前景分析，纵轴表示市场吸引力，横轴表示投资吸引力（见图5-3）。

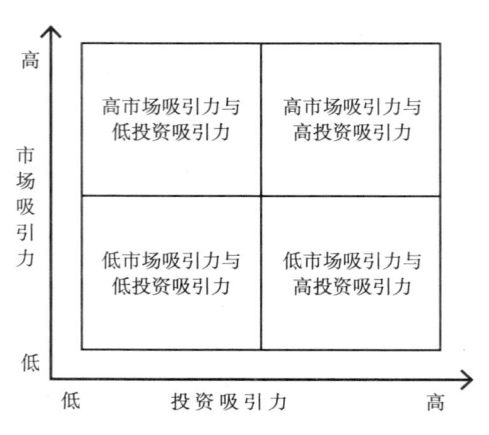

```
        高 ┌─────────────┬─────────────┐
           │ 高市场吸引力与│ 高市场吸引力与│
    市     │ 低投资吸引力 │ 高投资吸引力 │
    场     ├─────────────┼─────────────┤
    吸     │ 低市场吸引力与│ 低市场吸引力与│
    引     │ 低投资吸引力 │ 高投资吸引力 │
    力  低 └─────────────┴─────────────┘
           低    投资吸引力      高
```

图5-3  资源配置模型的前景分析

处于高市场增长和高投资吸引力象限中的细分业务，在高吸引力的市场中经营，并且有着高于平均水平的收入增长率和自由现金流利润；处于低市场增长和低投资吸引力象限中的细分业务，在低吸引力的市场中经营，并且有着低于平均水平的收入增长率和自由现金流利润；处于高市场增长和低投资吸引力象限里的细分业务，在高吸引力的市场中经营，并且有着略低于平均水平的收入增长率和自由现金流利润；处于低市场增长和高投资吸引力象限中的细分业务，在低吸引力的市场中经营，并且有着略高于平均水平的收入增长率和自由现金流利润。

资源配置模型是系统性的分析方法，确保资源的分配能够实现增长和回报最大化。模型的利用应该保持较高频率，因为市场变化很快，企业也要随之调整核心业务。汤姆逊公司每个季度都会重复这个过程，以对细分业务的计划执行情况进行评估。

# 第六章　解决难题——领导力围绕"难题"展开

管理是解决一般性、技术性难题，领导则是解决非一般性、挑战性难题。解决技术性问题是为了在平衡的世界中保持已有的秩序，解决挑战性难题则是在失去平衡的世界中重新创建新的秩序，前者只需修补，后者必须变革。

## 组织中的三种问题

组织的生存发展与个人的生存发展一样，随时都可能遭遇三种问题：日常性问题、技术性问题和挑战性难题。

1. 日常性问题

日常性问题顾名思义，是日常中很容易出现的不影响大局的小问题，如公司某台电脑坏了需要维修、某位员工家里发生事情请假几天需要暂代者、公司卫生间堵塞了需要找人疏通等。组织运转的过程中总会出现这样或那样的问题，就像人体的毛细血管破损，出血量虽然很少，但也需要清理干净，贴上创可贴，防止感染。许多被称为后勤、行政的工作，就是处理这类问题的。

以上是不涉及企业业务的日常性问题，还有一些是涉及企业业务的，如库存录入出现错误需要更正、客户反映的常规问题需要跟进，这些问题经过岗位分工和流程化之后，就变得日常化了。流水线上的生产工人或客服中心的客服人员就是解决这类涉及业务的日常性问题。

2. 技术性问题

导致组织中出现问题的最常见因素是核心业务在执行过程中产生的问题——技术性问题，多数时候，我们面对的就是技术性问题。比如，富士康公司为苹果公司代工生产 iPhone 手机，就是技术性问题。流程化是减少技术性问题出现的方法，通过合理流程规范技术。但规范的流程化不能预防和解决全部问题，如富士康公司要满足苹果公司生产新一代 iPhone 的需求，就需要对原有流程做出一定调整，但组织无须做出实质性改变。

技术性问题的出现就像静脉血管出血，不及时制止可能会有生命危险，但也不能简单地贴上创可贴，而是需要进行包扎和输液，有一套严格的医治流程，必须严格遵守。因此，解决技术性问题也称为管理，具有一定的复杂性，需要思考，找到最合理的解决方法。但并不棘手，对于将要解决的问题组织有相关的资源和流程可依靠，运用已掌握的知识即可。

3. 挑战性难题

挑战性难题是必须变革现有方式才能解决的重大问题，这种变革不是修修补补，也不是流程调整，而是必须对现有的思维模式、行为方式，甚至价值观做出彻底性改变。因此，挑战性难题不仅具有复杂性，更具有不确定性，还非常棘手。就像大动脉破裂，若不能在第一时间及时做出变革，很快就会被难题吞噬。

电影《肖申克的救赎》中银行家安迪·杜弗伦被指控枪杀了妻子及其情人，被判终身监禁。每当有新囚犯进来时，大家就赌谁会在第一个夜晚

# 第六章
## 解决难题——领导力围绕"难题"展开

哭泣。能为狱友走私各种违禁商品的埃利斯·瑞德认为书生气十足的安迪一定会哭,结果安迪的沉默使他输掉了两包烟,瑞德却对他另眼相看。

面对人生被毁和无尽的牢狱生涯,安迪强迫自己快速接受了现状,他不与别人接触,也没有任何抱怨。一个月后,安迪请瑞德帮他弄的第一件东西是一把小鹤嘴锄,他的解释是雕刻一些小物件消磨时光。不久,瑞德就玩上了安迪刻的国际象棋。之后,安迪又请瑞德帮自己弄来一幅好莱坞影星丽塔·海华丝的巨幅海报贴在了牢房墙上。

由于安迪精通财务制度方面的知识,使他摆脱了狱中繁重的体力劳动和各种痛苦的折磨,为越来越多的狱警处理税务问题,也成为监狱长洗黑钱的工具。

一位新来的年轻犯人无意间说起他在另一所监狱听到的安迪的案子,他知道谁是真凶。但当安迪向监狱长提出重新审理此案时,监狱长为了个人私利拒绝了,为了阻止安迪获释,还设计害死了那名年轻犯人。

面对残酷的现实,安迪没有消沉。在一个风雨交加的夜里,已经陷没监狱19年的安迪成功越狱。原来安迪发现监狱的墙壁是非常松散的岩石,每天用鹤嘴锄挖掘,并用海报将洞口遮住。在"帮助"监狱长洗黑钱的过程中,他安排了一个虚拟人物作为中间人,黑钱都存在虚拟人名下。出狱后的安迪就是这个虚拟人身份,他一边合规合法地领走了监狱长的黑钱,一边告发了监狱长贪污受贿的事实。

安迪并非天生的领导者,他并不具有人们可以一眼就看到的所谓领导者气质。他的人生被一场错判彻底打乱了,他面对的是地狱级的挑战性难题,还有可能反转吗?

## 挑战性难题的四大难点

你发现汽车的制动踏板反应不够灵敏，对于个人来说，这是个技术性问题，但你并不会维修，只能到4S店请有经验的工人寻找问题根源，并确定解决方案。问题或许并不复杂，也或许非常复杂，但都能在技术范围内得到解决。

在这个例子中，你只是"看客"（群众），4S店的维修工则是权威，解决技术性问题必须依靠权威。但如果是成百上千辆、成千上万辆汽车都出现刹车故障呢？还是技术性问题吗？2009年8月28日，美国加利福尼亚州125号高速公路上发生一起车祸，造成4人死亡。警方现场调查认定：肇事车的脚垫安装错误影响了油门踏板，导致加速失控。

肇事车的品牌是雷克萨斯，作为丰田旗下的高端品牌，汽车在出厂之前存在这样的失误是必须要负责的，于是丰田汽车宣布召回420万辆雷克萨斯和其他品牌汽车的脚垫。就在人们认为这次事件将就此平息时，丰田汽车却陆续曝出更多涉及刹车和油门踏板质量的问题，一直以来的高质量形象受到极大损害。2009～2011年，丰田汽车在全球范围内进行了大规模的汽车召回，但事件的处理态度仍然受到了外界批评。

当问题的难度上升到挑战性阶段，过往的经验性解决方案将不起作用，究竟要怎样做才能解决挑战性难题呢？在讨论这个问题之前，我们来看看解决挑战性难题会遇到的难点，当顺利跨越这些难点时，解决挑战性难题将会更加顺利。

1. 发现问题难

魏文王问名医扁鹊："你兄弟三人都精于医术，哪一位医术最好？"

# 第六章
## 解决难题——领导力围绕"难题"展开

扁鹊回答:"长兄最好,中兄次之,我最差。"

魏文王再问:"既然如此,为什么是你名声最大?"

扁鹊回答:"长兄治病于病情发作之前,被误以为不会治病,也就没有名气,只有家人才知道;中兄治病于病情初起之时,被误以为只能治小病,他的名气只及于乡里;我治病于病情严重之时,人们看到重病之人因我治疗而得恢复,就认为我的医术高明,名气最大。"

这番对话很有深意,有时候解决问题并不难,难的是不能及时发现潜在的问题,或者大问题的小苗头已经暴露出来,却没有得到足够重视。案例中,丰田汽车没有及时发现潜在问题,而在问题初步暴露之后仍按照小问题解决,最终引发了全球大召回,导致企业形象严重受损。

2. 界定问题难

问题已经暴露出来,而且很严峻,这时可以立即解决吗?没那么简单,你可知道此时的问题是什么?是技术性问题,还是挑战性难题?人们很容易将这两类问题混淆,因为挑战性难题中总有技术性问题存在。以高质量著称的丰田汽车出现大规模质量问题,这不是简单的技术性问题,而是挑战性难题,只用召回和维修这样的技术手段来解决问题,是把挑战性难题当作技术性问题处理。

一旦产生技术性问题和挑战性难题的认知错误,就会很自然地想要依靠权威解决。比如,想减肥的人将实现心愿的重担交给了权威(药品厂家或健康导师),却忘记了减肥必须自身做出艰难的转变,调整饮食和运动健身必须紧密结合,才能取得最佳效果。

即便界定了是挑战性难题,但如何进一步确定问题根源也是难点。丰田汽车爆发质量危机,或许主责在丰田的质量管理体系上,或许主责在丰田的研发体系上,或许主责在丰田的企业文化上。不挖掘出问题根源就难以根本性解决问题,无论后续采取怎样的方法都是治标不治本,本次危机勉强渡过，下一次危机已在潜伏中。

丰田汽车质量危机的根源在于企业文化——从过去重视用户和质量的企业文化，逐渐变为追求更多利润的企业文化。转变是渐进式的，改进却需要"暴力式"的，要突破现有企业文化的壁垒，说起来容易做起来却太难。而且重塑企业文化不是短时间就能成功的，但解决问题却需要在短时间内实现，这就导致丰田在解决此次危机时仍然遵循现有的企业文化——利益至上，导致解决的过程受到外界批评。

3. 发现解决方案难

解决技术性问题通常有现成的解决方案，拿过来直接套用或者稍加改造后使用即可。就像常规的刹车故障是写在维修手册中的，复杂一些的故障也可以在权威（维修工人）的集思广益中得到解决。

挑战性难题的解决方案往往不在组织的现有知识范围内，人们需要在新的环境下学习或引入新的知识，才能提出有效的解决方案。丰田汽车质量危机的解决方案应该如何设计？企业文化应该如何快速重建？建立在新企业文化之上的质量管理体系和研发体系应该如何改进？如何将具体解决方案和新企业文化结合起来？如何挽救因此次事件造成的用户流失，和对产生的负面影响进行良性削减？这些都是难题，没有可供套用的解决方案，现有的知识系统警报已拉响，必须纳入新的知识。

4. 实施解决方案难

解决挑战性难题最难的一环是如何实施解决方案。已经找到了解决方案，却不一定能够顺利实施。比如，希望减肥的人终于意识到自己才是心愿能否达成的主因，但开始实施后才真正意识到每日节食加锻炼是非常痛苦的，仅仅几天就宣告放弃。再如，某地突发一种传染病，医生界定出是哪种病原体，确定使用什么抗生素，患者只需配合治疗即可痊愈。

通过上述两个对比性小案例可以看出，解决技术性难题依靠权威，解决挑战性难题要依靠群众。群众需要做出艰难的转变——思维模式、行为方式和价值观。丰田汽车质量危机的根源是企业文化，必须进行重塑。丰田公司经过内部调研，请来外部咨询公司共同制订出重塑企业文化的方案。在此我们不探讨丰田公司的企业文化重塑的过程和结果，而是进行一个假设：假设制订的解决方案是正确的（此不代表现实情况），但实施过程中仍然充满了不确定性，因为实施的过程必须依靠全体员工在思维模式、行为方式和价值观的转变，这是最大的不可控。所以，在实施正确的解决方案时，必须有对员工转变的引导方案，让员工从被带领转变的对象切换成为能够主动求变的对象，虽然这很难实现，但却是必需的。

如果能够一步一步解决上述四个难点，解决挑战性难题就是水到渠成的事。如果中间某个环节判断错误，挑战性难题将无法真正得到解决。

## 区分事情的表象与事情的本质

"透过现象看本质"，是拨开事物呈现的表面现象，深入挖掘事物的内核本质。最核心的关键往往是引发挑战性难题的根源，解决挑战性难题需要具有直达事物本质的能力。

我们给出的方法是"询问"。不是面向他人，而是面向自己或自己的团队；不是向现实状况询问，而是结合现实向未来的不确定性询问。下面有五个问题能够帮助我们对复杂的挑战性难题进行本质上的结构拆分。

1. 世界大趋势正发生怎样的变化

组织建立起来是要与大趋势接轨的，世界级大趋势对商业走向的影响既全面又深刻，任何企业（无论大小）都不能忽视。

挑战性难题往往发生在外界变化已然形成，但自身尚未察觉的阶段。

待到察觉之时，难题已然做大，扭转不易。曾经火遍全球的米高梅、柯达、摩托罗拉、诺基亚、爱立信、泛美航空，都因为对外界大趋势缺乏足够的敏感度而走向破产。

将时间的指针拨回21世纪最初10年的尾段，此时距离移动电话的诞生已经半个世纪，距离第一部商业化手机的诞生也有35年。手机在功能上没有发生过突变，只是随着时代的发展在逐渐进步，打电话、发短信、玩小游戏。大小也从砖块缩小至掌心，外观则是常见的平板按键到翻盖按键。就在人们早已习以为常，认为手机还将按部就班地发展下去时，苹果公司却悄悄开始了智能化技术革新，2008年推出的iPhone3则拉开了移动互联时代的序幕。

彼时的巨无霸诺基亚推出的N95和N97依然具有市场，毕竟不是所有人都能快速跟上时代的变化，诺基亚也未能察觉时代的变化。但在销量出现断崖式下滑后，诺基亚的应对策略是开发新款——是旧时代的新款，却是新时代的旧款。诺基亚落后了，被用户抛弃了，无法追赶了，几年时间便被淘汰出局。

### 2. 我们的认知模型中哪些有效，哪些已经失效

人类基于先前经验形成的认知结构，是未来学习和判断外部环境变化趋势的基础。但曾经的经验只能作为参考，依据这些经验形成的认知结构也需要进一步判断，有效的是哪部分？失效的是哪部分？

20世纪的最后一年，有机构曾预测，2000—2003年美国经济增速将放缓，依据是美联储不会任由联邦和贸易赤字继续攀升。时任美联储主席的艾伦·格林斯潘正面对互相冲突的几个目标——保证就业率，控制联邦和贸易赤字，防止投机行为过度影响房地产价格。顾此就会失彼，最终格林斯潘选择了保证就业率，但为此却付出了联邦和贸易赤字继续攀升和投机泡沫继续充斥房地产市场的双重代价，虽然经济增长速度暂时保持平稳。

> 第六章
> 解决难题——领导力围绕"难题"展开

虽然格林斯潘的选择未必是正确的（我们不讨论此事），但实际情况是该机构对美联储的经济政策判断失误。在机构的认知模型中，对于当时美国政府和美联储行事风格的经验储备是失效的。因此，对事物的本质进行探查分析时，必须剔除失效部分的认知模型，留下有效部分的认知模型，并且重新建立起不依赖经验、只依据现实情况的认知模型，才能准确地发现导致挑战性难题出现的根源。

3. 一定会发生什么

任何变化都不是孤立存在的，需要多方面共同运作，形成一个有机的整体，其中的每一个零件都必须忠诚于自己的定位。挑战性难题总是在变化的过程中产生，而攻克难题会让理论上的变化转化成实用性创新。

苹果公司首创的 iPad 引领了一个新兴板块——平板电脑，该板块在苹果公司的产品序列里极具价值。iPad 的成功离不开 iTunes（网上歌曲下载库）的贡献——消费者愿意为歌曲付费，大唱片公司看到了可以通过这种方式卖出版权音乐的机会。在这些条件都满足之后，iTunes 音乐商店开张了，每首歌曲售价 99 美分。最终反映到 iPad 这个整体上的，就是巨大的成功。

在条件逐渐成熟后，一定会发生什么！但发生不要只存在于事物的表象，而要深入事物的本质中。如果苹果公司只将 iTunes 架构在 Mac 和 iPhone 上，就是表象上的发生，但 iPad 的出现就是本质上的发生。

4. 参与竞争必须做什么

从竞争对象的角度来看，对手的提前布局是对其最大的威胁。如果你是这个"对手"，是否想到要提前布局呢？

在认真分析了所有得到的信息后，美国电信巨头弗莱森公司的总裁兼 CEO 伊万·赛登伯格决定投资 20 亿美元将连接到家庭的铜质电话线和网线替换为光纤电缆。这项决定可能在未来一两年内都得不到回报，投资者和企业内部高层反对者超过80%。但赛登伯格相信，用户和行业其他合作企业会认可这项决策。一年后，当其他竞争企业进行光纤改造时，弗莱森公司已经率先打开了市场。

竞争，竞的是时间，争的是用户，比别人早一点，用户就会更早被吸引过来。

竞争，竞的是速度，争的是未来，比别人快一步，未来就会更清晰地呈现出来。

5. 率先更迭什么

1975年，世界上第一台数码相机由柯达公司的应用电子研究中心工程师史蒂芬·沙森发明。但当时柯达公司的高层领导者们认为这样的相机很可能会威胁到公司赖以生存的底片事业，而且当时的数码相机仍很原始，拍完一张照片后写入数据的时间长达23秒，还需要把磁带拿下来，插入播放设备才能显示照片。"这种无用的东西还是停止研发吧。"公司CEO的一句话让这项未来技术被雪藏了，同时也雪藏了柯达公司改变摄影历史的机会。

只想到了一项新技术、新产品会威胁到企业现有的产品（事情的表象），却忘了思考如果这项技术或商品能将企业现有产品替代，不等于完成了产品迭代，企业将再一次站在产品前端（事情的本质）？

一家服装企业的更新策略是，先淘汰畅销款。很让人费解，畅销款不是要尽可能多卖吗？不是应该淘汰滞销款吗？这家企业给出的解释是：畅销款很容易被模仿，也很容易形成饱和，必须自行迭代，不能给对手迭代自己的机会。

## 第六章
### 解决难题——领导力围绕"难题"展开

### ✈ 挑战性难题的高级解法

挑战性难题通常具有强大的破坏能量，必须迎难而上，将难题解决。但是怎么解决呢？不建议用猛冲猛打或者阵地战的形式，那样消耗太大，结果还未必能如愿。我们给出的办法是将问题分割包围、分而歼之。就是将问题拆分，将一个繁杂的大难题拆分成若干个容易厘清、容易解决的小问题。

要拆卸出现故障的机器，可以按照机械的组装流程反向拆解。但因为挑战性难题的多样性和变化性，让拆解没有固定流程可循。因此，在拆解之前需要先对挑战性难题进行定义，拆解之后还要对挑战性难题进行归类。也就是一次完整的拆解流程分为三个步骤：定义问题—拆解问题—归类分组。归类分组是核心步骤，明确清晰的归类为解决难题提供助益：

（1）归类分组是抽象的重要方法，解决复杂问题离不开抽象。

（2）归类分组是结构化的重要步骤，解决问题的过程离不开结构化的表达。

下面介绍拆解挑战性难题的三个步骤：

第一步，定义问题：要清楚所要解决的挑战性难题是什么。

第二步，拆解问题：发散思维，对挑战性难题进行分析后分解，形成N个平级子问题。

第三步，归类分组：对拆解出的子问题进行归纳、合并。

如图6-1所示，通过先拆解再归纳，最终得到一个"金字塔结构"的层次图。根据问题的复杂程度，这个金字塔结构可以是两层及以上的N层。

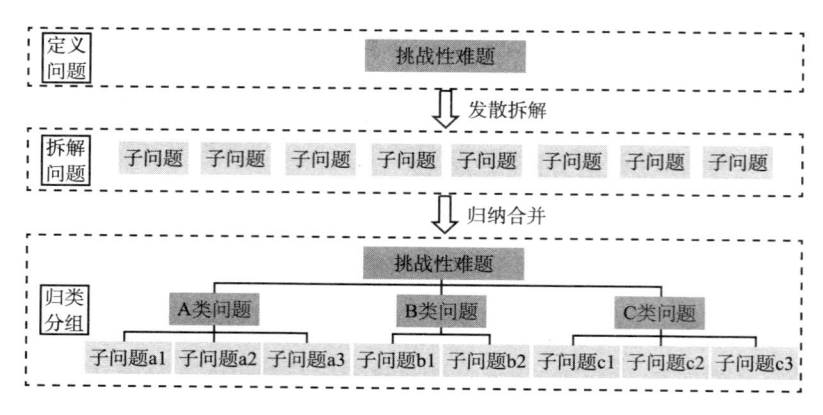

```
┌─────┐  ┌─────────────────────────────────────────────┐
│定义 │  │              挑战性难题                      │
│问题 │  │                                             │
└─────┘  └─────────────────────────────────────────────┘
                            ⇩ 发散拆解
┌─────┐  ┌─────────────────────────────────────────────┐
│拆解 │  │ 子问题 子问题 子问题 子问题 子问题 子问题 子问题 子问题 │
│问题 │  │                                             │
└─────┘  └─────────────────────────────────────────────┘
                            ⇩ 归纳合并
┌─────┐  ┌─────────────────────────────────────────────┐
│归类 │  │              挑战性难题                      │
│分组 │  │       A类问题    B类问题    C类问题           │
│     │  │ 子问题a1 子问题a2 子问题a3 子问题b1 子问题b2 子问题c1 子问题c2 子问题c3 │
└─────┘  └─────────────────────────────────────────────┘
```

图6-1 拆解问题详图

某人准备在家里招待三位好朋友，主餐是火锅，外加一些零食，需要提前采买。他列出了一份清单：牛肉、羊肉、球生菜、平菇、蘑菇、茼蒿、香菜、小葱、清水笋片、干豆皮、油豆皮、凉菜、魔芋丝、火锅底料、火锅蘸料、干料、山楂卷、豆腐、白蚬子、花蚬子、红葡萄酒、白葡萄酒、瓜子、粉丝、西兰花、油麦菜、木耳、小龙虾、提拉米苏、久久鸭、薯片、西瓜、芒果、雪碧、可乐。

如果按照清单上的顺序购买，会在菜市场里来回跑路，需要根据菜市场商家的分布进行分类（见图6-2）。

分类的作用不是将原本N个概念分成若干组，每组多少个，那样还是原本数量的概念，而是要将概念等级提升。就像买食材，原本是35种食材，在分类归纳之后变成了5类食材。既方便记忆，又方便整理。

将这种方式运用于工作中，效果更加明显。总经理让一位项目经理去调查"客户对销售报告和库存报告不满意"一事。这是很典型的工作问题，这位项目经理的传统做法是：将工作内容分块，然后分派本项目组成员按块负责调研客户不满意的原因。调查之后总结出造成客户不满意的原因如下：

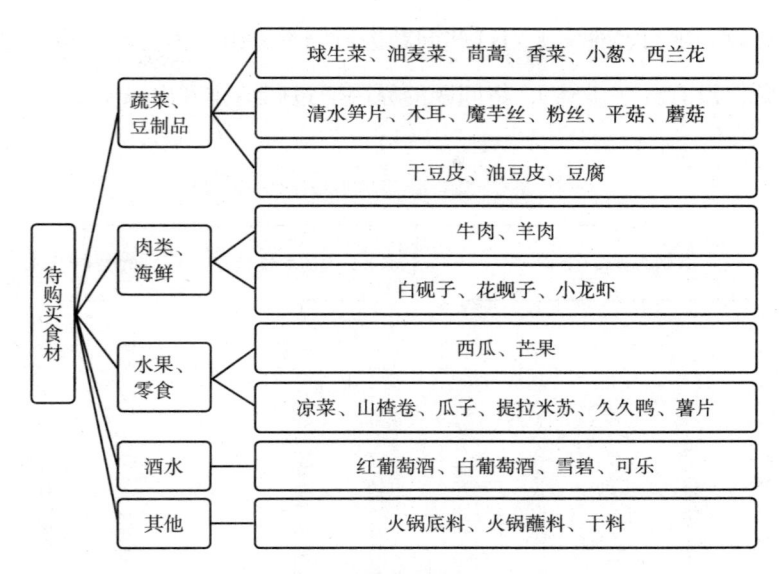

## 第六章
### 解决难题——领导力围绕"难题"展开

```
                  ┌─ 球生菜、油麦菜、茼蒿、香菜、小葱、西兰花
       ┌─ 蔬菜、 ─┼─ 清水笋片、木耳、魔芋丝、粉丝、平菇、蘑菇
       │  豆制品  └─ 干豆皮、油豆皮、豆腐
       │
       │  肉类、  ┌─ 牛肉、羊肉
待购买 ┼─ 海鲜   └─ 白砚子、花蚬子、小龙虾
  食材 │
       │  水果、  ┌─ 西瓜、芒果
       ├─ 零食   └─ 凉菜、山楂卷、瓜子、提拉米苏、久久鸭、薯片
       │
       ├─ 酒水 ──── 红葡萄酒、白葡萄酒、雪碧、可乐
       │
       └─ 其他 ──── 火锅底料、火锅蘸料、干料
```

图6-2 准备购买的食材分类归纳

（1）库存数据与销售数据不吻合。

（2）获得库存数据的时间严重延迟。

（3）销售数据的提取周期间隔太长。

（4）提交报告的周期不当。

（5）报告格式不够清晰。

（6）存在无意义数据。

（7）手动计算难以保证准确率。

（8）数据未能突出说明特殊情况。

（9）双方对接频率过低。

这是该项目小组做了大量工作之后的结论，可以说调查做得很充分。但就这样将上述九条交给总经理吗？他看了以后会不会认为这份报告缺乏重点，会不会想"让下属去调查客户为什么对报告不满意，结果当下送来的这份工作报告就让人难以满意"！

所以，项目经理需要对这些问题进行归类分组（因为是直接得出的逐条问题，没有分解步骤），将问题的原因通过归纳体现出来（见图6-3）：

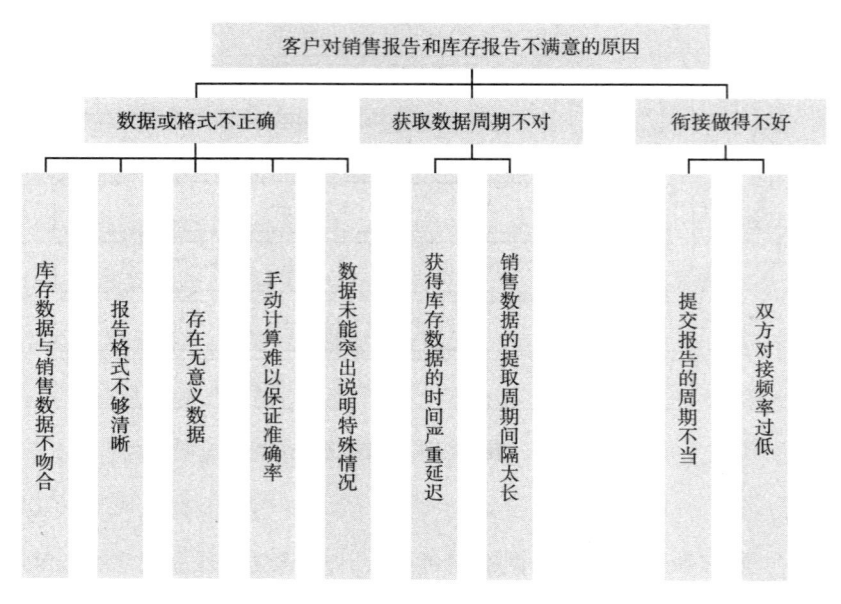

```
                客户对销售报告和库存报告不满意的原因
        ┌────────────────────┼────────────────────┐
   数据或格式不正确          获取数据周期不对        衔接做得不好
   ┌────┬────┬────┬────┐      ┌─────┬─────┐      ┌─────┬─────┐
   库   报   存   手   数      获    销           提     双
   存   告   在   动   据      得    售           交     方
   数   格   无   计   未      库    数           报     对
   据   式   意   算   能      存    据           告     接
   与   不   义   难   突      数    的           的     频
   销   够   数   以   出      据    提           周     率
   售   清   据   保   说      的    取           期     过
   数   晰       证   明      时    周           不     低
   据           准   特      间    期           当
   不           确   殊      严    间
   吻           率   情      重    隔
   合               况      延    太
                            迟    长
```

图6-3 项目小组归纳问题的"金字塔结构"

结构化的表达可以使问题的表述更加清晰，有利于快速抓住问题要点，并作出相应的决策。最后，本案例只为着重介绍归类分组，实际工作中，若上级让下级进行某些问题的调查，不只是为了了解问题的原因，还需要获得一些解决问题的方法。案例中该项目经理的汇报中还能提供对应的解决方案，让上级做"选择题"。

# 第七章　组织权变——有机式结构

有机体是具有生命的个体的统称。有机式组织是具有高弹性、高灵活性和高度适应性的组织形式。员工围绕共同的任务开展工作，职责范围在相互作用中不断修正，职权等级和程序规则相对减少，有关工作的知识及对任务的监控分散在组织中，强调上下级之间的双向沟通及横向和斜向沟通。

## 阿米巴模式组织结构

2010年1月19日，日本航空公司正式向东京地方法院申请破产保护。在时任日本首相鸠山由纪夫的恳请下，78岁的稻盛和夫出任日本航空公司CEO。在此后一年里，日本航空公司按"阿米巴理念"实施了一系列重建计划，宣告破产的第二年就实现了扭亏为盈。2012年9月，日本航空在东京证券交易所再次上市。

从破产到重生，稻盛和夫带领日本航空公司创造了令人震惊的奇迹。奇迹的核心是"阿米巴模式"——建立在"阿米巴理念"基础上的管理模式。"阿米巴"是变形虫 Amoeba 的中文音译，这种变形虫的最大特性是能够随外界环境的变化进行自我调整，实现适者生存。

阿米巴模式是把企业分成若干个小"阿米巴"，对每一个小阿米巴实施量化授权和分权管理。这些小阿米巴可以按照小型企业的形式独立经营，有各自独立的利润体系，通过与市场直接联系的独立核算制进行运营，培养全体员工参与经营管理的意识，并鼓励员工主动参与利益分享，实现"人人都是经营者"的经营方式。

从上述这段话可以提炼出阿米巴模式组织实施成功必备的三个基本要素：相对独立的自主权，相对独立的市场，相对独立的利益。

阿米巴模式不仅考核每个小阿米巴的"巴长"，而且考核每个阿米巴成员每小时产生的附加价值，真正落实了"全员经营"，发挥每一位员工的积极性和创造力。当员工能够积极地参与经营，在各自岗位上自觉为企业做贡献时，那么员工就不仅仅是工人，更是具有经营意识的合作伙伴。

传统组织结构与阿米巴模式组织结构表面上看只是组织结构形式的不同，实质上却是阿米巴理念对传统领导力的颠覆。

在阿米巴模式中，即使是大型企业，层级仍然以不超过三级为宜。阿米巴模式中，哪怕只有两三个人，也可以成为一个小阿米巴，进行独立运营。一定会有人质疑过于扁平化会让管理者难以兼顾过多下属，这种质疑在传统组织结构中适用，但阿米巴模式中的小阿米巴本身就是独立经营的团队，"巴长"具有较大的自主权和经营权，很多事情无须上级操心。而上级的身份已经从由上至下的领导者变身为由下至上的服务者。下面用两幅图比较传统组织结构和阿米巴模式组织结构（见图 7-1 和图 7-2）。

阿米巴模式组织是为实现经营目标和发展需要而设定的，将组织划分成可独立完成业务和独立核算的单元体，主要优势如下：

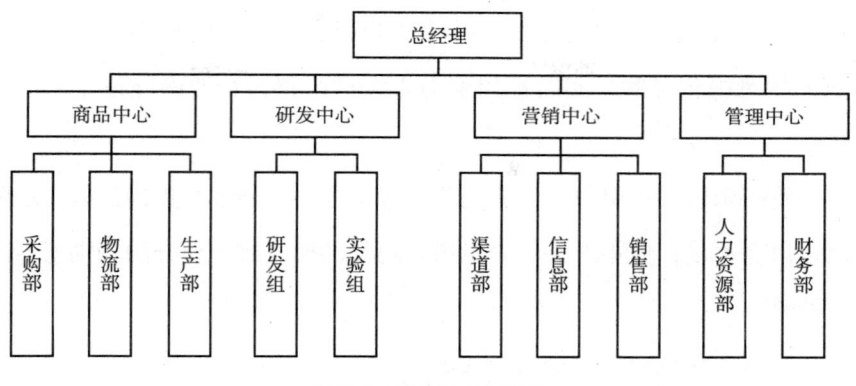

图7-1 传统组织结构

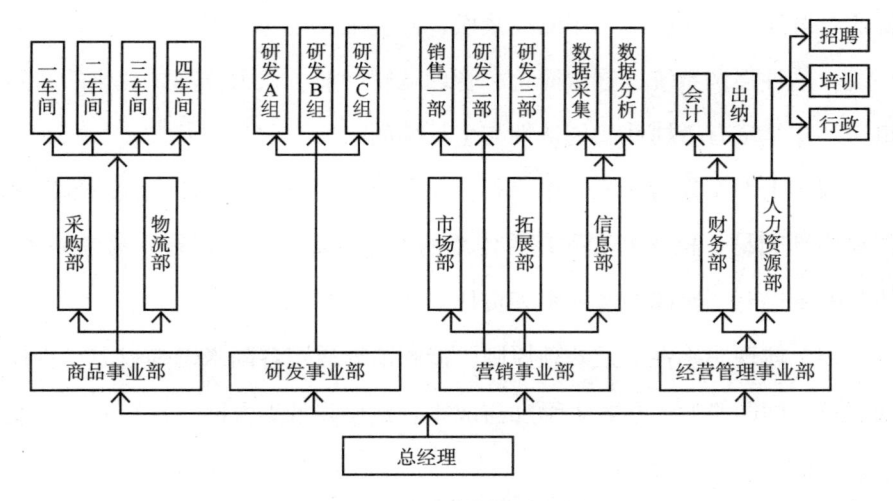

图7-2 阿米巴模式组织结构

（1）内部市场化交易。

（2）自主经营的小阿米巴同时具备规模化和灵活性。

（3）培养更多人才。

（4）企业平台化和内部创业化。

（5）企业领导者专注于战略层面。

阿米巴模式组织将权力关进笼子，将潜能释放出来。通过组织的扁平化与精确化授权机制，充分赋予了小阿米巴自主经营的权力，实现了由下而上的可视化经营、实时性纠偏与永续性改善，企业的能量场因此而构建。

想将阿米巴模式组织的优势充分发挥出来，需要进行正确划分，小阿米巴可以有不足，但不能潜藏大隐患。阿米巴模式组织划分的原则与标准各有两点：

1. 阿米巴模式组织正确划分的原则

（1）组织扁平化原则。阿米巴模式组织保持在2～3层为宜，将不必要的管理层级和职能部门压缩或裁撤，使决策权快速下沉至生产、营销第一线。这种强调系统、层次简化、管理宽度增加、权力分割弹性化的新型组织，才是富有敏捷性、创造性与生长性的。

（2）内部交易与核算简单原则。在划分小阿米巴时，需要大阿米巴之间在内部交易、核算办法和核算体系的设计上保持简便易行、易学易懂，使各阿米巴有明确的经济权限和责任。

（3）体现明确性与成效性原则。能够清晰界定各阿米巴的权力、责任和利益，即明确性；在收入增加与成本、费用降低等方面，在短时间内取得显著效果，即成效性。

2. 阿米巴模式组织正确划分的标准

（1）实现企业整体发展战略。达成企业经营目标，实现企业合理拓展，贯彻企业未来战略。

（2）最大限度划小经营单元。在确保能够独立完成业务与独立核算的基础上，最大限度地划小单元，以期用最低成本取得最大收益。

（3）合适的小阿米巴经营管理者。以"追求全体员工物质和精神共同幸福"为信念，同时具备经营哲学（核心价值观、主人翁意识）和管理能力（经营能力、领导能力）。

此外，阿米巴模式组织结构可以分为几种形态，一家企业在进行阿米巴划分时，可兼具或相互嵌套多种形态的小阿米巴。

按核算形态可划分为：预算型阿米巴、成本型阿米巴、利润型阿米巴、资本型阿米巴。

按经营性质可划分为：生产型阿米巴、研发型阿米巴、管理型阿米巴、营销型阿米巴。

## 平台模式组织结构

传统组织结构是金字塔形式的，一层一层向下管理。平台模式组织结构则是将企业内部的层级部门打散为多个平台，同时弱化企业总部的管控职能（见图7-3）。

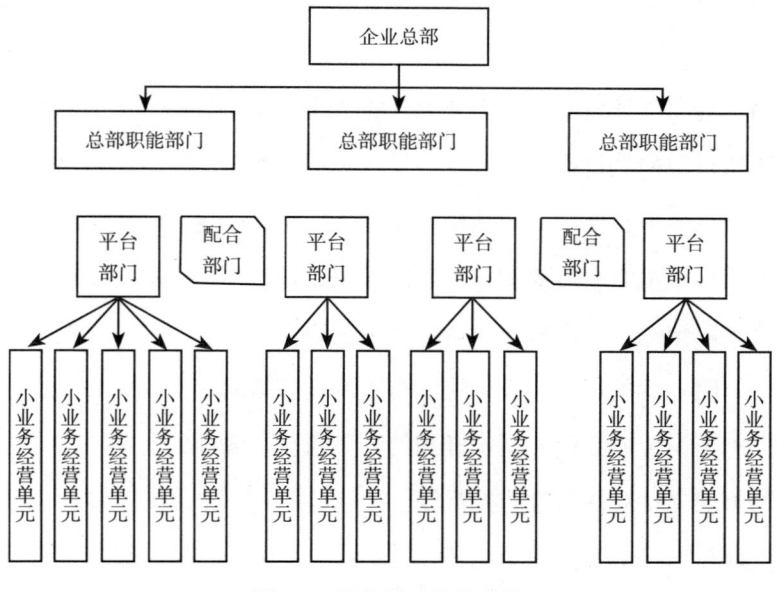

图7-3 平台模式组织结构

平台模式组织结构是将原本的"部门+员工"拉伸为"平台+员工",将企业的传统层级组织改造为平台生态系统。各平台内的员工、合作方都转化为平台上的资源单位。平台以其灵活性和有效性激发平台上的资源单位的能动性,以迅速扩大平台规模和影响力。

平台模式组织结构中,企业总部与平台部门平台之间不再用线连接,呈现悬浮式状态,这意味着总部与各平台之间的联系不再是直接管理,平台可以独立运作,总部只负责宏观掌控和资源调配。

实现平台化模式后,企业将实现互动性、网络性、开放性、依赖性四个特征。同时给企业带来以下四种变化:

(1)由为企业干到为自己干:将企业业务化整为零,拆分出小业务经营单元,实现各营运环节独立结算。

(2)降低企业投资运营风险:企业由"重资产""重人力"向"轻资产""轻人力"转变。

(3)重塑企业价值体现方式:收益方式由"经营的短期收益"过渡到"战略的长期收益"。

(4)提高领导效率和工作效率:完成组织架构调整,提升领导层领导能力和执行层的执行能力,减少各类成本损耗。

企业在向平台模式组织结构转变的过程中,一定会遇到各种阻力,因此以下四项基本原则需要遵守,以给组织结构转型提供必要保障。

(1)以塑造企业影响力和竞争力为最终目标。

(2)明确竞争环境,设计切实有效的竞争策略。

(3)把握转型方向,制定详细的转型执行步骤。

(4)建立针对性风险防控机制。

企业进行平台模式组织结构的转变,将涉及企业内部各管理体系重构,包括业务模式、总部职能、经营模式、生态环境。

1. 打通各业务板块，下沉经营重心

根据企业的内部分利和交易机制，将企业中具备不同职能或不同项目或不同类型的板块划分为小业务经营单元，赋予其具体的、针对性的权、责、利，实现经营重心下沉。同时对小业务经营单元实施优胜劣汰，加强各板块间的联系，打通各板块交易关系，实行联动。

谷歌公司有很多小业务经营单元，即以不同业务类型组成的存在于不同板块的"创新小组"，实现"点状创新"。

2. 总部职能转变，从管理变身为服务

平台模式组织结构中的企业总部的功能会随之完成转型，由传统企业组织结构的管控型转变为服务型。具体的服务功能包括：

（1）注重对下属创新能力的培养和创新项目的支持。

（2）完成宏观层面思考，将具体运营交由小业务经营单元自行决定。

（3）依托下属的小业务经营单元不断积累经验、沉淀数据、知识进化，总部职能变形为智慧型。

3. 改革企业经营模式，延展业务空间

完成平台模式组织结构转型后，企业需要结合自身特点与市场容量，进行经营模式的再调整。沿着产业链上下游寻找现有的布局中且可继续优化改善的价值点，再对相关环节进行互联网化改造，最后通过产业联盟形式拓展业务空间，抢占行业发展新的制高点。

某公司在进行组织结构转型前，业务范围只涉及咨询，在向平台模式组织转型的过程中，基于咨询又打造出资本和商学的"两翼模式"，并以资本和商学为盈利模式的升级。

4. 构建人本生态，人的未来成为组织的未来

组织的边界就是人的边界，平台模式组织则是弱化企业各板块间的边界，最大化释放员工的创新活力，扶持每一位创业者做大做强、创新创

利，依靠人的成长性支撑组织的成长性。

（1）培养人。培养员工的专业素养，提升员工的综合能力，关注员工的成长与贡献的关键点。

（2）投资人。拓宽业务边界，吸纳更多人才；鼓励业务创新，进行投资孵化；支持员工创业，构建专业化和多元化的人才梯队。

（3）依靠人。人的业务边界决定组织的业务边界，人的成长性决定组织的成长性，人的创新性决定组织的创新性，人的制高点决定组织的制高点。平台在为各项服务提供支持的同时，也在接受成长起来的人才反哺。

海尔公司不仅提出了"人人皆创客"，而且一直践行着。"雷神"游戏就是两名员工提出的构想，公司一边提供资金和技术，一边帮助众筹和寻找风投。"雷神"最终成功，不仅是两名创意者的成功，更是海尔"人人皆创客"理念的成功。

## 扁平模式组织结构

扁平模式是一种新兴的企业组织架构，将原本立体式的等级制组织形式拉平拉扁。但扁平模式组织结构是不是没有一点层次感的绝对扁平呢？当然不是，绝对扁平不符合管理基本原则。扁平模式组织结构只是相比于传统"金字塔结构"的层级更加开放，借助现代信息通联方式达到沟通扁平化，进而达到组织结构扁平化。也就是将沟通中可以越过的层级在现实结构中剔除（并非绝对以沟通为依据进行剔除），以增强组织对环境变化的感知能力和反应速度。

图7-4所示是某公司经过重建后的扁平模式组织结构，虽然仍有金字塔结构的感觉，但核心的原"销售管理部"进行了扁平化改造，建立起若

干个地区级别的销售分部，各销售分部下面都有相应的科组。

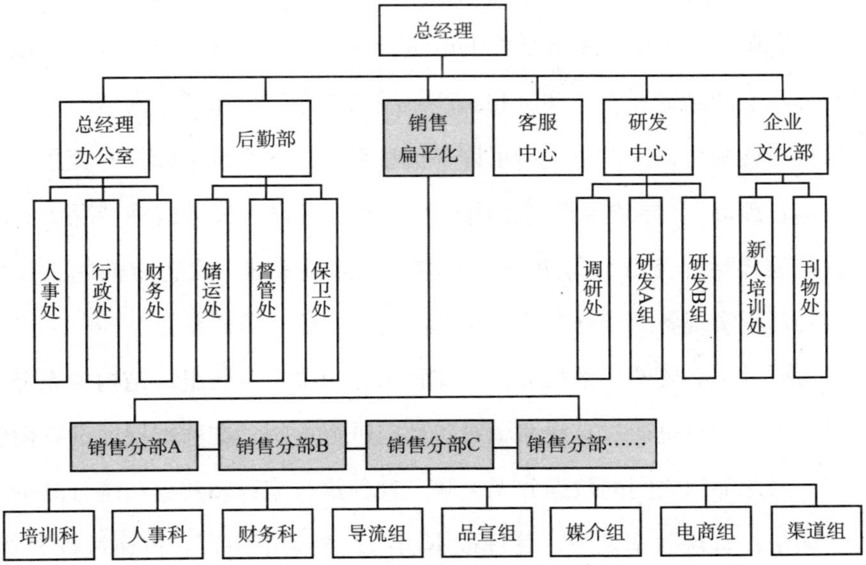

图7-4 某公司扁平模式组织结构

扁平模式组织结构在现代企业管理中有四项优势：

（1）拓宽领导者的控制幅度，加强领导者的决策有效性。

（2）企业对于市场的应变能力显著增强，在最短时间内得到响应和执行。

（3）决策中心不断下移（产生于发生问题的地方），避免决策滞后。

（4）减少管理层级，在一定程度上助力企业实现决策民主，为员工提供更多成长空间。

在扁平模式组织结构的运用上，不同企业采用的方法虽各有不同，但核心都是SOA（面向服务的架构），通过其重组结构体系，加快业务流程。

扁平模式组织结构实施的前提之一是要将原有组织按照功能进行拆分，并通过各功能服务间的接口和协议联系起来，重新搭建组织结构。

长安铃木公司在长期发展过程中逐渐形成了纵向多层级的、横向三十多个组织的管理截面。为了使庞大的组织流畅运转，长安铃木公司投入了极大的资源，却没能带来实质性的改进，反而由于业务涉及面复杂与流程缓慢影响了产品的开发、调试和生产，导致新车型上市严重滞后。

长安铃木公司内部衍生出了许多信息系统，各系统之间没有交集，成为"信息孤岛"，导致各部门之间相互隔离，各自为战。这种情况势必减缓企业整体运作流程，每进行一个步骤，都要重施一次各方面的工作协调。要真正实现各部门联动或者跨部门合作，仍是障碍重重。

为减少不必要的经济损失，长安铃木公司决定革新组织结构。原金字塔型组织结构只是通过直线命令对各部门进行控制，在数据层面没有做到集成，因此部门之间的数据并无关联。这种执行流程和数据系统分离带来的弊端是：管理效率低下，管理成本居高；数据不一致、传递过程失真，不能实时统计数据。而扁平模式组织结构是将企业的关键业务系统重新定位，整合为四个：ERP（企业资源计划）、供应链管理、分销系统、车间制造执行系统。

长安铃木公司于2007年10月引入SOA架构，以此改善流程管理。"我们的目标是解决公司级的流程管理，流程管理系统能够在流程的关键节点将相关数据直接与应用系统产生交互，解决数据处理及时性和不一致。"引入SOA架构的决策人之一董斌说。

长安铃木公司主动进行组织优化，对流程进行监控，确保出现问题可提前干预。比如，从接到设计任务开始，详细到某个零件是进口采购还是内部开发，都可切入整个流程中，确定应调动的业务系统，再在系统内部进行任务划分。各业务系统与内部任务分支会形成基于主任务的沟通、互通及协作，确保流程高效运转。

# 第七章
## 组织权变——有机式结构

### ▶ 小单位模式组织结构

现代市场对于企业灵活性与创新性有了更高的要求，组织规模化越来越成为企业发展的障碍，去规模化势在必行，小单位模式的组织结构应运而生。

小单位模式组织结构是将企业的组织机构进行精简、合并或裁撤，缩小企业面对市场的"一线作战单位"的规模，进而缩小企业整体组织规模。

2016年6月，腾讯公司以566亿元人民币收购以小单位模式组织结构运行的芬兰Supercell公司。当时Supercell公司有180名员工，下辖若干个5～7人组成的研发小组，每个小组都有自主研发新产品的权力，每名员工都有提出自己创意的权利。而且公司的每一个决策都能在第一时间传达至基层每名员工，且保证能在第一时间得到执行。这样的小单位模式让Supercell公司一直保持着与同行竞争的优势。

想要将小单位模式组织结构架构得当，企业必须做到两点：

（1）组织绩效化，收入差异化。员工的薪酬、福利和晋升应根据"战略贡献"评定，避免浑水摸鱼的现象，以提高员工的工作积极性。

（2）交出指挥权，掌握监督权。发挥小单位能量的前提是企业必须充分放权，但在放权的同时还应建立充分完善的控权机制，以实现对前方"作战部队"的有效控制。

可见，Supercell公司的5～7人小组已经非常灵活了。而韩都衣舍的三人小组可谓将小单位模式组织结构的价值发挥到了极致。

韩都衣舍成立之初也是传统的金字塔型组织结构，但创始人赵迎光很快发现了短板：销量不好时，员工们互相推诿抱怨，行动效率缓慢，资源垄断使员工缺乏主人翁意识。唯有组织变革才能让韩都衣舍摆脱困境，改变的原则就是一切以客户为中心，客户需要什么，企业就满足什么。那么，谁最能把握和了解客户的需求呢？无疑是最前线的员工，那么"让听得见炮声的人来指挥战斗"！

赵迎光借鉴了"阿米巴理念"，对金字塔式的科层组织结构进行彻底变革，建立以客户为中心的自主经营体，在公司业务运营中让一线员工掌握更多的决策权，公司只负责打造平台，一线员工则负责优化资源开拓市场。

韩都衣舍构建了极简单又极具力量的三人小组制的组织架构，公司赋予小组成员很大的权力：

（1）款式决定权。

（2）库存深度决定权。

（3）定价权（先期定价、后期调价）。

（4）促销活动选择权。

（5）折扣节奏和深度决定权。

（6）广告位自由竞价权。

标准小组一般包括三个人，由一名产品开发专员（负责产品设计）、一名页面制作专员（负责产品详情页制作）、一名货品管理专员（负责与生产和仓库对接，依据销售动态确定下一步行动）组成。三人各司其职，小组整体决策由三人商量确定。小组负责选款、页面制作、打折促销等非标准化环节；公司负责客服、市场推广、物流、摄影等标准化环节。

小组采取自由组合方式，不合适可以退出，实行重组。于是，韩都衣舍内部贴满了挖人海报，挖角与反挖角在各小组间时常上演。

公司只考核小组整体，并根据考核标准分配奖金。各小组具体的奖金分配由组长依据公司统一且公开的考核标准实施。组长有部分权限调整奖金分配，通常是为了留住合适下属和激励下属。

员工形成了自发性的向上状态，小组之间也形成了良性竞争。韩都衣舍的小组数量并不固定，优秀员工可以从原小组中主动脱离，加入其他小组或者成立自己的小组。能力相对较弱的员工为了跟上组织进度，必须不断学习以提高能力才有机会留在原小组或加入其他小组。

其他非一线的职能部门则被改造成服务支持部门，为各小组的生存发展提供良好的后勤支撑。

通过韩都衣舍的案例可以看出，小单位模式组织结构能够最大限度地解放员工的生产力，极大地调动员工的工作积极性，企业得以不断推出满足客户需求的产品或服务。

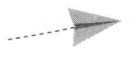

## 创建学习型组织

学习型组织就是能够持续学习、适应和改变的组织。其本身并不涉及具体的组织设计，而是对更为深刻的组织思想和组织理念的描述。

在学习型组织中，领导者和员工都有机会通过持续地获得和共享新知识，进行知识管理，并主动将重新构建的知识体系用于决策或执行。组织成员具备的整体学习能力和在组织工作过程中运用所学知识的能力，被一些领导力学家和管理学家认为是保持竞争优势永不枯竭的源泉。

学习型组织包括四项重要特征：组织设计、组织文化、信息共享和领导者（见图7-5）。

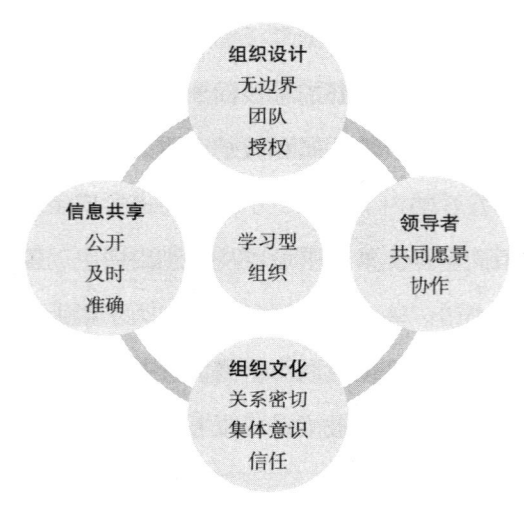

图7-5 学习型组织的特征

**1. 学习型组织所必需的组织设计要素**

传统的组织结构如同蜂巢一样具有边界，组织成员被划定在各自所在的结构范围内。但在学习型组织的整个范围内，组织成员可以跨不同的职能领域，甚至在不同的组织层次上共享信息、公开交流，以求实现无边界的协同工作。在无边界的组织环境中，组织成员能够最大限度地自由组合，以最佳方法和最短时间协同完成组织工作，过程中取长补短，相互进益。

在组织内部形成若干个有凝聚力、有战斗力、有意志力的团队，是学习型组织结构设计的重要目标。组织成员拥有在各自团队内完成工作或者解决问题的决策权。由于组织授权给团队，团队可以进一步授权给成员，领导者的角色在具体工作中被弱化，更多充当团队工作的促进者和支持者。

**2. 学习型组织必须建设组织文化**

在动态的持续学习的组织内部，领导者与成员或者成员与成员的愿景与个人期望值都不尽相同,很容易形成各自为战的孤立式学习局面(你学你的,我学我的,相互不沟通、不协作)。

建立起组织文化,则组织中的每个人都认同共同的愿景,成员具有较强的集体意识,相互信任,相互支撑。在不断实验和学习的同时,清晰明白组织的流程、活动、职能以及外部环境各方面之间固有的相关联系。

3. 学习型组织离不开信息共享

组织内的成员必须形成整体性,大家所了解的信息、所面对的问题和所思考的方案,不应是孤立存在或者绩效范围内存在。组织成员必须进行知识管理,将经过筛选和验证后的,对组织发展/团队发展有助益的信息公开共享。

4. 学习型组织对领导者的要求

领导者最重要的职责之一是促进组织未来共同愿景的形成,并确保组织成员朝既定的组织目标努力。领导者要支持和鼓励分享式合作,确保组织成员更好更快地完成任务,并在此过程中学到更多知识。

因此,虽然学习型组织不具体指某一种组织结构,却是其他类有机式组织结构能够持续发展的根基。也就是说,在构建其他类有机式组织结构时,一定要兼具学习型组织的思想,使组织能够不断发展进步。

# 第八章　引领变革——管理是维持秩序，领导是实现变革

> 强有力的管理会形成井然有序的计划体制，但同时也会消灭组织发展所必需的冒险意识和积极性。因此，更为有利的领导在稳固管理的同时，能够及时发现变革基点和引导变革发生。

## ▶ 弗莱森公司的变革之路

在第六章"区分事情的表象与事情的本质"一节中，提到了弗莱森公司投资 20 亿美元将光纤电缆连接到消费者家中。这是一个宏伟计划的开始，它将把弗莱森公司的未来和光纤紧紧联系在一起。

能够做出这个决定，源于伊万·塞登伯格对外部变化进行的精准分析，然后制定了最为正确的决定。

就在这个决定做出几年前，电信业刚刚经历了一次泡沫破灭，很多原本被认为很好的技术在挤泡沫的过程中彻底告吹。2000 年，英国电信

## 第八章
### 引领变革——管理是维持秩序，领导是实现变革

公司投资了几十亿美元来争取一项在英国获准使用的技术许可，该公司领导层认为这项技术会使他们领先于其他竞争者。然而，这项技术和市场都尚未成熟，所有投资都打了水漂，将这家老牌电信公司逼到了破产的边缘。

仅仅四年后，塞登伯格似乎又要带领弗莱森公司重新上演英国电信公司的悲剧，这是公司高层所无法忍受的。所以，这项光纤电缆计划一经提出，就在企业内部和投资者间得到了超过 80% 的反对票。

如果我们处于和塞登伯格同样的位置上，面对海量的信息、复杂的状况和群起而反对的局面，要想做出正确的决定，我们需要具备怎样的认知、心理、个性和综合能力呢？塞登伯格从职业发展初期培养起来的"察觉外部世界的变化，并将其与企业的业务定位联系起来的能力"在此时发挥了作用。

塞登伯格职业在纽约电话公司时只是一名从事维护和修理工作的蓝领工人，后升职为管理职务。在跳槽至 NYNEX 后，担任与国会、协会和华盛顿的政策监督者进行沟通的联络官，这段经历极大地提升了他有关电信行业的高端认知，帮助他从不同角度看问题，磨炼了他洞察外界变化的能力。能力的全面提升让他能够从政策制定者、互联网提供商、技术人员和用户等各方角度观察世界，这些视角对于驾驭电信业频繁的环境变化至关重要。

在"内容为王"的时代，宽带变得更加重要。塞登伯格认为，宽带的功能不能仅限于联通，用户对于宽带速度的提升有迫切需要，他判定光纤电缆宽带将成为消费者愿意为之付费的重要服务。但彼时人们对光纤的认知还不够清晰，许多分析家断定，光纤电缆要在进入市场许多年后才会盈利。还有一些技术人员预测会有新的材料涌现出来，挤占光纤市场，但到目前为止，尚未出现这样一种可以大规模盈利的材料。

带领企业走通一条变革之路，就像是一个巨大的赌注，弗莱森公司的网络业务负责人保罗·卡库杜尔说："这是我们三十年一遇的重大决策……它（光纤）彻底改变了我们的业务。"

塞登伯格是善于思考的人，会不断反思各种情形，重构问题，并从不同角度观察同一现象，从而找到最佳解决方案。他知道要找的答案是有其特殊性的，不能通过某种简单的公式来解决，他说："预测和准确定位外部环境的变化不是一项学术训练，关键点在于运用外部世界发展的前瞻性确保企业能够持续盈利。"

### 进行对话实验

具备洞察外部环境趋势能力的领导者，更容易注意到他人忽略的信息，更容易找到他们不会寻找的资源，然后整合、分析、过滤、筛选这些信息和资源，作为自己勇往直前的信心来源。这种洞察力能够将优秀领导者与未能洞察外部趋势而莽撞出击的莽夫区别开来，也能将优秀领导者与洞察力不足或只懂得被动防御的人区别开来。

一些领导者认为自己好像具备这种天赋，这是幸运的，但更幸运的是知道持续地练习和有意识地努力，来改进和提升这种能力。因为与所有核心技能一样，洞察力也可以通过后天练习得到加强。

杰夫·伊梅尔特为了提升自己对环境的洞察力，开展了一种对华实验，称为"梦想会议"。他会定期邀请来自其他行业的客户（CEO 和几名下属）到通用电气公司位于纽约的克罗顿维尔学院举行为期 1～2 天的会谈。会谈的主题一般是对于未来一段时期（5～10 年）的行业展望和看法。讨论的主题非常广泛，包括：未来的外部趋势是怎样的？未来的技术

## 第八章
引领变革——管理是维持秩序，领导是实现变革

发展趋势如何？造成这些趋势的原因是什么？这些趋势将主要影响什么？通过什么方式影响？这些趋势如何相互影响？当然，讨论这些主题不能只站在当事人的角度上，还应尽量从不同角度进行分析，如从客户的角度、供应商的角度、政策制定者的角度、特殊利益集团的角度等。

进行对话实验，可以将问题讨论得非常深入。比如某次探讨能源业务，所有人都知道如今正处于能源变革期，未来会发生巨大变化。无论是讨论石油、天然气，还是乙醇等替代性能源的供应与需求，即便是讨论俄罗斯、中东这些产油国的美元储备，都会给通用电气公司的能源部门带来启发，因为公司生产和提供涡轮、发动机、基础设施等和能源有紧密关系的产品和服务。

通过对话实验，拓宽了参与者的视野，参与的每个人都看到了和自己预想的不同的未来，虽然这些未来还停留在假设阶段，但更多的可能性已经呈现出来，有机会为之前没有发现的问题做好准备。

这种对话实验的主要目的是看清变化的驱动因素是什么，尽可能找出什么是必然会发生的，什么现象是早期的预警信号。

参加对话实验并不是 CEO 的专利，因为不是必须成为 CEO 才需要关注外部环境，就像塞登伯格在担任企业中层管理者时就已经开始积累洞察外部趋势的能力。

总之，伊梅尔特通过与客户进行"梦想会议"，创建了一个关于全球商业图景的巨大知识库。通过厘清模糊的问题，制定出清晰的未来规划。由此可见，对外界的洞察力是成功领导者核心能力的一部分，因此备受重视，总会投入大量时间和精力让自己有更多机会接触新的观点和信息。

领导力革命

## 面对复杂世界主动出击

福特野马这种不算昂贵的运动车在全美深受年轻人的喜欢，其成功离不开两个人——福特野马设计团队的领导者李·艾柯卡和福特野马设计团队的核心成员哈尔·斯伯里奇。

斯伯里奇设计汽车不仅在外观和车辆功能上进行改进，还结合时代发展分析汽车的未来趋势。在福特公司工作期间，斯伯里奇有机会接触到大量关于美国人口和汽车市场的统计数据，这些数据并非机密，但却常被忽视。斯伯里奇结合其他因素对这些数据进行分析，洞察到了外界的一些变化，尤其是中产阶级在生活方式上发生的巨大变化，进而对汽车的需求也开始发生变化。斯伯里奇想到可以设计一种兼备卡车的空间和轿车的舒适性的新车型，用于家庭旅行或合伙出游，这是全新的细分市场。

但福特公司拒绝了这种"小型货车"的概念，认为这种设想不伦不类。但斯伯里奇坚持己见，最终被迫辞职。艾柯卡是斯伯里奇的支持者，但同样未能说服福特公司高层，他也被炒了鱿鱼。两人先后加盟了当时命悬一线的克莱斯勒公司，这家仅靠一笔12亿美元的政府担保贷款艰难求生的公司决定孤注一掷，引入"小型货车"概念。1983年，克莱斯勒公司的"小型货车"正式投放市场，效果出奇的好，就像艾柯卡后来所说"这是在正确的时间推出的正确产品"，这一波大赚让克莱斯勒成功渡过了危机。

在环境变化如此之快，竞争如此激烈的商业经济时代，最大的挑战就是在复杂艰难的环境中找出能够盈利和持续增长的新机会。要实现这样的目标，领导者必须跳出对一个行业的传统思考框架，主动感受外界变化，

# 第八章
引领变革——管理是维持秩序，领导是实现变革

抓住要点，主动出击，把握新的机会。

杰夫·伊梅尔特在2003年为通用电气公司制定出8%的有机增长目标后，他明白要想让公司的年增长率提高，就必须改变增长点。

通过亲自获取和下属提供的资料，伊梅尔特获得了大量的第一手细节性资料。但他没有"新官上任三把火"，而是先过滤信息、分析信息，筛选有用信息，最终得出了一个清晰的、关于外界变化模式的认知。正是鉴于全新的认知，才让伊梅尔特在明知道通用电气公司面临非常复杂局面的情况下，依然充满信心地前行，为公司在新的外部环境中开辟一条新路。

伊梅尔特认为，面对汹涌的全球化浪潮，最大的增长机会就是新兴市场。有些人以固有观念劝告伊梅尔特"新兴市场意味着高风险，要回避"，但伊梅尔特认为有机会的地方一定有风险，需要抓住机会，也要掌控风险。作为领导者，他进行了正确的内部变革，配置了正确的资源，使得下属也能辨别哪些是风险，哪些是机会，并通过一些工具和管理方法来管理风险。

伊梅尔特敏锐地意识到在医疗、运输、金融服务、能源、娱乐、环保、高科技材料等领域将会出现很多机会，便在公司内部成立了相对应的基础设施部门，并将公司内部最顶尖的专家都调到了新成立的基础设施部门，让专家直接对接新兴市场。伊梅尔特对于通用电气公司的定位是正确的，得到了董事会的支持。

作为一名领导者，在面对复杂情况时，要保持积极的心态和认知的开放，不要用过去的经验预测未来，而是要吸收和消化各种当下非常复杂的事物，积极面对变化，并能积极主导变革。

## 动态环境下如何有效计划

问题是多发的，也是多变的。环境对问题产生影响，有时是决定性的影响，有时是微不足道的影响，所以同样的环境下会出现不同的问题，比如 A 环境下同时出现了 X、Y、Z 三个问题。

将环境和问题的位置调换一下同样成立，同类问题也可能出现在不同的环境中，比如 D 类问题可以出现在 A 环境中，也可以出现在 B 环境中，还可以出现在 C 环境中。

当问题出现时，人们往往更加重视如何解决问题，却忽略了环境因素。不弄清楚为什么会出现这样的问题，就直接开始解决所出现的问题，往往是治标不治本，一个问题解决了，另一个问题又冒了出来。

本章的核心是引领变革，引领的主体是领导者。但变革有时候是激烈为之，有时候则需要缓缓图之。激烈变革可以大刀阔斧，缓缓改变就是以静制动。面对动态的环境，采用静态的做法，表面看似没有动，但一份份详细的计划则宣告了变革已经开始。

本节我们详细讨论在动态环境下领导者如何制订有效计划。最佳方法是将计划可视化，有五个步骤可供参考。

图 8-1 解释如下：

（1）制订总计划。结合企业的实际情况（如市场保有量、市场环境、行业增长率、竞争对手状况等），将计划的总目标以具体形式制定出来。

（2）明确阶段计划。计划需要渐进式的实现，因此将计划分阶段很重要，如三个月达到什么程度，半年能够完成多少等。

# 第八章
引领变革——管理是维持秩序，领导是实现变革

（3）团队成员设定各自目标。各成员根据自己的岗位职责、能力和经验设定自己的目标，并且写出来，领导者可根据员工设定的目标提出自己的建议和期望。

| 企业年度总目标 | 销售部门目标 | 员工设定目标 | 上下沟通 | 方法 |
|---|---|---|---|---|
| · 要实现营业额突破××× （金额） | · 总目标额为×××万元<br>· 第一季度完成×××万元<br>· 第二季度完成×××万元<br>· 第三季度完成×××万元<br>· 第四季度完成×××万元 | · A总完成××万元<br>· B总完成××万元<br>· C总完成××万元<br>· D总完成××万元<br>· E总完成××万元<br>· F总完成××万元<br>· …… | · 分析所用到的资源<br>· 寻找正确的方法<br>· 提供应有的支持<br>· …… | · 方法1：……<br>· 方法2：……<br>· 方法3：……<br>· 方法4：…… |

图8-1　计划可视化

（4）进行上下级对话。领导者帮助员工分析实现计划所需的资源，寻找有效的方法等，明确应给予员工怎样的帮助。

（5）将具体的执行书面化。达成目标所要采取的方法，各岗位如何配合，这些都要明确指出。

此外，还应将工作计划制作成表格，方便记录和提醒。需按照以下标准制定：①包括名称、日期，方便日后查阅；②设计科学，内容完整；③主计划和派生计划之间的联系要在表格中得到体现；④书写简明扼要，用词精准严谨，避免用词含糊、前后不一致；⑤涉及数据和信息时，要留下日后传输与共享的"接口"。

表8-1是某领导者的个人工作计划表，仅供参考。

**领导力革命**

表8-1　某领导者的工作计划表

| 项目 | 序号 | 计划内容 | 达成标准 | 备注 |
|---|---|---|---|---|
| 基础工作 | 1 | | | |
| | 2 | | | |
| | 3 | | | |
| | 4 | | | |
| | 小计 | | | |
| 重点工作 | 1 | | | |
| | 2 | | | |
| | 3 | | | |
| | 小计 | | | |
| 关键工作 | 1 | | | |
| | 2 | | | |
| | 3 | | | |
| | 小计 | | | |
| 合计 | | | | |
| | 序号 | 工作内容 | 完成情况 | 备注 |
| 额外工作 | 1 | | | |
| | 2 | | | |
| | 3 | | | |
| | 小计 | | | |
| 月度工作总结 | | | | |
| | | 过程简述 | 结果 | 获得经验 |
| 本月工作遇到最大困难 | | | | |
| 非常满意的工作 | | | | |
| 不满意的工作 | | | | |
| 下一步工作的改进方向 | | | | |
| 改进措施 | | | | |
| 下一步希望达到的目标 | | | | |

# 下篇
# 战略型领导者

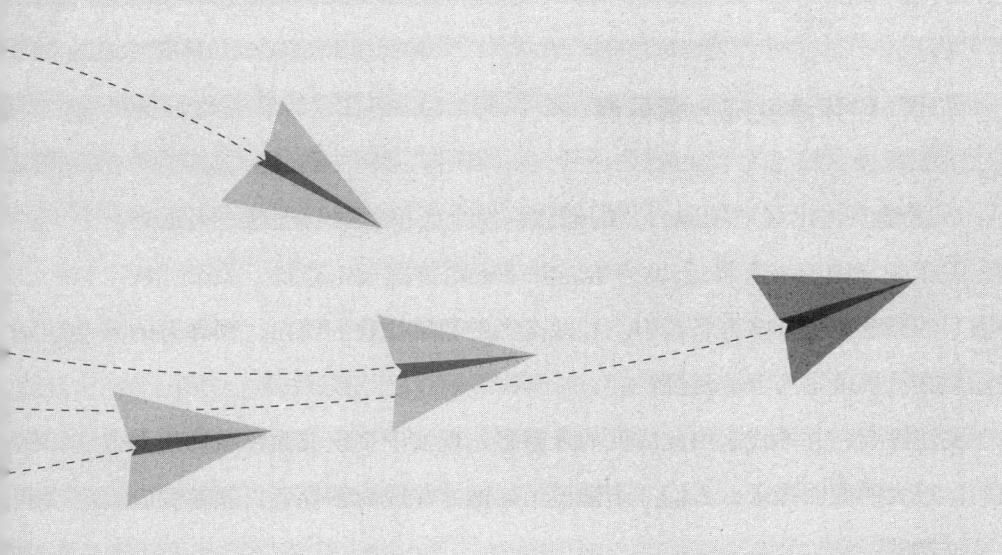

# 第九章　领导者的自我管理

于我们自身而言，如果要成为一个对社会有价值有贡献的人，肯定需要成为自己的领导者。于领导者而言，如果要成为一个能够带领组织实现预定目标的人，其自身必须具备强大的自我管理能力。

## 自我造就成为领导者

19世纪末才出现"领导力"的概念，但今天单从亚马逊这一渠道查询，关于领导力的书有将近20万本，如果去哈佛图书馆查找，关于"领导力"的概念有170多万条索引。如此庞大的数字让我们明白，领导力的关注度在世界范围内都非常高。

关注度高，并不代表由此成就的人就多，现实中真正成为领导者的人很少。很大的原因在于，人们并不知道怎样做才能成为领导者，领导者应该是怎样的。

杰克·韦尔奇曾说过："把梯子正确地靠在墙上是管理的事，领导的作用在于保证梯子靠在正确的墙上。"

而对于领导力的塑造，陈春花教授也曾说过："最重要的就是它（领导力）不是天生的，其实是一个自我造就。领导者在组织中的作用，不仅仅是要担当责任，驱动变革，更重要的是给成员以信心，即便在黑暗之中，也能指明前进的方向。"

因此，领导力不是特质，不是行为，也不是结果，而是一个由内而外的过程（见图9-1）。我们要去遇见自己，遇见知识，挖掘内在的力量。做一个优秀的人，是很多领导者刻在骨子里的思维方式。先有这个意识，然后才有自我成就的行为。

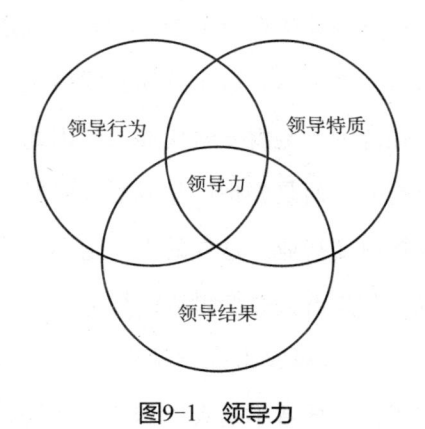

图9-1 领导力

什么样的人能够成为领导者，一直是领导力的核心话题。人们渴望成为领导者，但也要面对一个巨大挑战，那就是成为领导者这件事并不容易。

领导者的养成之所以困难，是因为有三件非常有难度的事情需要领导者发挥能力持续性地完成：

（1）决定组织的高效运行。

（2）为组织指明方向，鼓舞人心，保持希望。

（3）在非常时期，帮助组织摆脱危机。

现在到了大家最关心的话题：如何自我造就才能成为一名真正的领导者？关键要素之一，领导者要成为"英雄领袖"（包括"企业领袖"和"行业英雄"两类）。

企业领袖需要做到两件事：发展自己或发展他人。发展自己自不必说，成为领导者的过程就是发展自己的过程。优秀的企业领导者，能让团队与自己一起成长，他们追求的不是"个人很厉害，团队很听话"，而是"团队很厉害，个人很支持"。由优秀领导者所领导的企业，成长过程一定是整个企业和员工都在成长，并且本企业员工的成长力量要超越同业平均水平。

对行业做出突出贡献的就是行业英雄，乔布斯就是行业英雄，他让智能化移动电话成为现实，并全面开启了移动互联时代。作为创业者，想成为行业英雄既需要超强能力，也需要时代加成，因此，创业者一定要记住不要轻易去改变某个行业，而是要把产品或服务做好。如果连企业的产品和服务都做不好，就想改变行业，这样的人一定不会获得成功。就像那些连自己都改变不了的人却想着去改变世界一样，简直是天方夜谭。

态度决定命运，一个希望成为优秀领导者的人，就会主动去自我造就。从这个意义上来讲，领导者不是天生如此，而是后天造就的。

## 高效是领导力的资源

《高效能人士的七个习惯》的作者史蒂芬·柯维对习惯进行了总结，他认为"习惯"是知识、技巧、意愿的结合体。有知识表示我会做，有技巧表示我知道怎么做，有意愿表示我想做。

那么，如何才能养成好的习惯呢？结合史蒂芬·柯维的概括，笔者总

## 第九章 领导者的自我管理

结出以下五个好习惯。无论是否是领导者,这五个习惯都是一个人想要取得一定成就所不可或缺的,只有做到了,才能成为高效能人士或高效能领导。

1. 积极主动

人类最终极的自由是"无论何时、何地、何种状况,你作为一个人,永远都有选择的权力"。

柯维发现"从刺激到行动之间,存在一个很大的空间叫选择"。一个积极主动的人是不会放弃自主选择权的。自主选择的权力包括工作和生活的方方面面,只要存在对立性的就可以进行选择。而世界上所有的事都是对立存在的,即便你看不见事物的另一面,但另一面依然存在。

西奥多·罗斯福在未成为美国副总统之前,一天家里被盗,损失相当大。很多朋友写信劝他不要难过,他在回信里说:"这件事我觉得庆幸,他们只是偷了东西没有伤人;他们只偷了一部分东西,而没有偷走所有的东西;最关键的是偷东西的那个人是他而不是我。"

罗斯福看到了事情的反面,也进行了反向思维,被盗的事情就伤害不到他。因此,你必须始终坚持积极主动地做选择,而做到这一点要有四种支撑:自我意识、独立意识、想象力和良知。

2. 以终为始

这个习惯告诉我们,要将最初的目标坚持到底,但这个目标不能是片面的。比如一个人以工作为中心,一心扑在工作上,不惜牺牲身体健康、家庭和睦,那么即便最后成功了,他的"终点"也不再是"起点"。他之所以拼命工作,是为了获得优质的家庭生活和能够惬意地享受人生,但现实却是相反的。

必须以"始终原则"为中心,既保持专注,又不会跑偏,既无羁绊的努力,又有牵挂的前行。以"始终原则"为生活中心的人,总是见解不凡，思想与行为也独具一格，而坚实稳定的内在核心赐予他们高度的安全感，人生方向，智慧与力量。

3. 要事第一

柯维做过一个实验：他准备了四块大石头和一堆小石头，大石头上分别写着"家庭""健康""休闲""工作"的字样。他找来一只口小肚大的塑料桶，先把小石头倒进桶里，然后把大石头放进去，但只放了一块桶就满了。柯维把塑料桶里的小石头都倒出来，这次先把大石头放进去，再把小石头倒进去，结果刚刚好，所有的石头都能装下。

很多人的生活之所以一直没有起色，很多领导者的团队之所以一团乱麻，就是时间和精力被大量的小石头占据了，重要的事情却被放到了最后，这种做法是极其不明智的。想要成为一名优秀的领导者，希望自己的领导活动正确，就应该把重要的事情放在最好的时间、用最佳的状态去完成。

4. 知彼解己

想要知彼，最好的方式是倾听，从对方的言谈中加以判断。想要知己，最好的方式也是倾听，从别人的言语中挖掘对于自己最深刻的理解。倾听的过程不能做任何批判，倾听的结果是要能说出对方彼时的感受。

倾听包括三个层次，分别是表象倾听、结构倾听和深层倾听（见图9-2）。不是每一次倾听都要动用深层倾听，要因人、因时、因事而定。

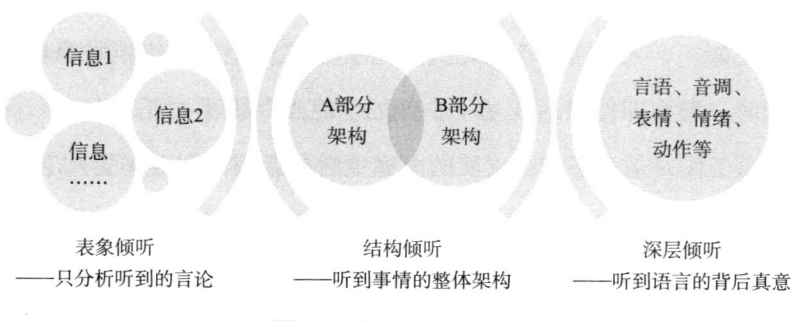

表象倾听
——只分析听到的言论

结构倾听
——听到事情的整体架构

深层倾听
——听到语言的背后真意

图9-2 倾听的三个层次

5. 不断更新

锻造出好习惯的最后一个关键点是，要在智力、身体、社会情感、精神等层面不断更新。

（1）在智力层面，多读书、多学习、多交流，多参加有意义的讨论，多关注国内与国际热点信息。

（2）在身体层面，适当增加独处的时间，多思多考，保证饮食起居规律，养成锻炼身体的习惯。

（3）在社会情感层面，加入更多的人际关系联结，既要向他人的情感账户里"投资"，也要接受别人向自己的情感账户里"投资"，形成双向保障。

（4）在精神层面，结合智力层面、身体层面和社会情感层面，不断提高自己的认知能力和意识形态。

## 成为魅力型领导者

领导者想要获得影响力，就必须有良好的行为习惯，而养成良好习惯的动机来源于想要获得影响力。如果一名领导者形成了良好的行为动机，则该领导者不仅具有影响力，还是一位具有个人魅力的领导者，我们称为"魅力型领导者"。

（1）信任下属并获取他们充分的信任回报。

（2）有能力陈述一种下属可以识别的、富有想象力的未来愿景。

（3）有能力提炼出一种每个人都坚定不移赞同的组织价值观系统。

（4）提升下属对新结果的意识，激励下属愿意为企业超越自身的利益。

任何一位领导者都希望自己是有魅力的，在极具风度中游刃有余地处理各类问题。但魅力的形成，天赋只起到一定作用，关键还在于后天的养成。

魅力型领导者具有自信并且信任下属，对下属有高度期望，有理想化的愿望，有引导和鼓励下属超越他们预期水平的能力，以及使用个性化风格的领导者。

魅力型领导者具有未来眼光和思维，愿意与下属就未来问题进行沟通，善于创造一种变革氛围，热衷于提出新奇的、富有洞察力的想法，能旗帜鲜明地拥护某种达成共识的观念，并以新观念、新方法去刺激、激励和推动他人勤奋工作，对下属极具情感号召力。

这些都是魅力型领导者特质的表现。管理学研究对于魅力型领导者特质有多种概括方式，为便于理解和掌握，我们选择最主要的七个方面进行阐述。

（1）对未来有美好设想：能认识到现存秩序的缺陷，并能提出如何克服这些缺陷的令人兴奋的设想。

（2）高度自信：对自己的能力和决策正确性非常自信，在情感、动机、情绪和价值观等方面的内心冲突很少。

（3）自我激励：精神饱满，精力充沛，充满激情，积极进取。遇到挫折无须别人鼓励，而是自我激励。

（4）善于表达：进行沟通时思想内容丰富，擅长运用各种言辞和非言辞的表达技巧，能对追随者产生强烈感染力。

（5）敢冒个人风险：领导者为共同事业所承担的个人风险或付出的个人牺牲越大，越能赢得别人的信任和依赖。

（6）关心他人需要：领导者用无私的方式倡导他们的观点，并且关心追随者的需要，而不是关心追随者的利益时，就会被别人依赖。

（7）对环境敏感：具有对现实的洞察力，能实事求是地评估组织内的各种环境资源和条件限制,并基于现实制定变革策略和非常规行动。

魅力型领导者表现出的特质,来自长期的领导行为,可以说是领导行为的养成造就了领导魅力的体现。

对于魅力型领导行为的研究有很多,将各方观点进行总结,提炼出九个方面用以区分魅力型领导者与非魅力型领导者(见表9-1):

表9-1 魅力型领导者和非魅力型领导者的行为构成

| 项目 | 魅力型领导者 | 非魅力型领导者 |
| --- | --- | --- |
| 现状 | 基本反对现状并竭力改变 | 基本认同现状并竭力维护 |
| 未来 | 目标与现状之间差异大 | 目标与现状之间的差异小 |
| 认同 | 理想化目标使其成为受欢迎人物 | 共同的观点令其受别人喜欢 |
| 风险 | 通过个人冒险和付出代价进行倡导 | 通过说服别人进行倡导 |
| 专长 | 超越现有秩序的非传统手段达到目的 | 通过现有秩序内的可行手段达到目的 |
| 行为 | 反传统、反常规 | 传统的、与现有秩序一致 |
| 环境 | 为改变现状,对环境敏感性要求很高 | 维持现状,对环境敏感性要求不高 |
| 表达 | 强烈表明目标,领导积极性很高 | 不太表明目标,领导积极性不高 |
| 力量 | 主要依靠个人影响 | 主要或完全依靠职务权力 |

## ▶ 三环学习模型

英特尔公司原本是生产存储器的,但到了 20 世纪 80 年代,日本企业渐渐在存储器领域占据了领先地位。1984 年是英特尔存储器业务断崖式下滑的一年,时任英特尔总裁的安迪·葛洛夫等高层领导者想尽办法……后来他回忆那段时光:

"然而,1984 年秋天,一切都变了。业务衰退了……我们急切地需要一种不同的存储器战略,止住'伤口的大出血'。

# 领导力革命

"我们不断地开会、争论,却没有达成任何协议。有人建议采取'力争策略'——建一个巨型工厂,专门生产存储器,把日本企业打败。还有些人认为,应该采取前卫技术,运用才智,在技术方面而不是生产方面'力争',拿出点日本企业拿不出来的东西。还有人仍然坚持生产特殊用途的存储器,但在存储器成为全球统一的产品后,生产特殊存储器的可能性几乎是不存在的。

"争论越是继续,我们的经济损失就越大。这是形势严峻、令人大失所望的一年。我们奋发工作,却不知事态会不会好转。我们迷失了方向,在死亡的幽谷中徘徊。

"我还记得1985年的一天,那时我们已经在漫无目的的徘徊中度过了一年。这一天,我正在办公室里,意气消沉地与英特尔公司的董事长兼CEO戈登·摩尔谈论着我们的困境,这已经是一年来的老生常谈了。我朝窗外望去,远处,大美利坚游乐园的'费里斯摩天轮'正在旋转。我回过头问戈登:'如果我们下了台,另选一名新总裁,你认为他会采取什么行动?'戈登犹豫了一下,回答说:'他会放弃存储器的生意。'我目不转睛地望着戈登,说:'你我为什么不走出这扇门,然后回来自己动手?'"

葛洛夫为什么突然想明白了,英特尔应该放弃这项让大家痛苦不已又让公司累赘不堪的业务。他的大脑中经历了什么?

我们总是容易被表面的行动吸引注意力,却忽略了行动背后还有其他目标,目标背后还有一些关键要素——价值观等。因此,有必要转换角度,看看自己需要改变的是行动,还是行动背后的目标,或者是目标背后的价值观。

克里斯·阿基里斯是组织学习领域的专家,他在单环学习的基础上进一步提出了"双环学习模型",之后学术界又逐步衍生出"三环学习模型"(见图9-3)。

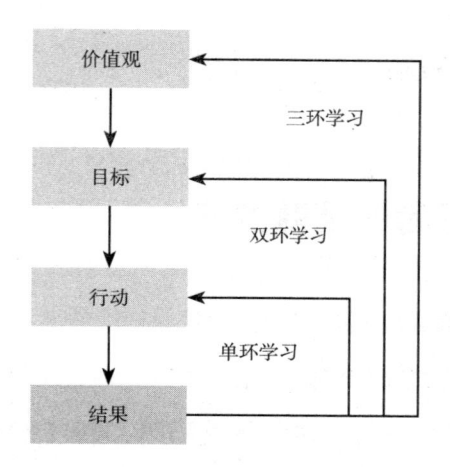

```
价值观
  ↓         ← 三环学习
 目标
  ↓         ← 双环学习
 行动
  ↓         ← 单环学习
 结果
```

图9-3　三环学习模型

单环学习强调"怎么实现"，改进的是行动。双环学习强调"实现什么"，改进的是目标。三环学习强调"为什么实现"，改进的是决定目标的价值观。从单环学习到双环学习再到三环学习，也是小格局思维到中格局思维再到大格局思维的流向。

葛洛夫将英特尔带出存储器生产泥沼的过程，就是其从小格局思维到大格局思维的转变。起初，他一直思考"怎么将现有存储器销售出去"（试图改进行动），后来转换角度思考"怎么能生产更好的存储器"（试图改进目标），最后再次转换角度思考"该不该继续生产存储器"（改进价值观）。这是格局的提升，为什么一定要实现不可能的事情，而不去实现可以实现的事情？

# 第十章　领导者的情商塑造

情商与领导力合并讨论是一个很大的主题，限于篇幅不能进行过于详细的介绍，但可以通过工具模型和实际案例进行关键性阐述。本章共有五节，第一节介绍工具，后四节阐述案例，力争将大主题以小篇幅概述清楚。

## ▶ 两个模型测评领导者情商

本节介绍两个情商模型——"EQ-i情商测试模型"和"戈尔曼情商四维度"，看看情商与领导力之间的关系。

以色列心理学家鲁文·巴昂自1980年就开始对情商做深入研究，得出情商是由许多部分重叠而成，但能够根据能力、态度等5大领域细分为15个维度。巴昂还创建了很多情绪智力量表，比如1997年推出的"EQ-i情商测试模型"就是一份"EQ-i情商测量表"，包含了他所提出的5个领域的15个维度，共计133个短句。该模型要求参试者从5分等级制的评价中选出一项，选项范围从"几乎没有或者完全不是我"到"这非常像我或这就是我"。分值达到平均值或以上，证明参试者在情感、社交和行为方面表现优异；得分较低者则被认为在情感、社交和行为方面可能有所欠缺。

"EQ-i情商测试模型"的5个领域及其包括的15个维度分别是：

（1）自我认知领域：自我认同、自我意识、自我主张、独立自主、自我实现。

（2）人际交往领域：同理心、社会责任感、人际关系。

（3）压力管理领域：抗压能力、情绪控制。

（4）适应能力领域：适应性、现实判断能力、解决问题的能力。

（5）普遍心态领域：乐观主义、幸福开心。

领导者可以做一次权威性的情商测试，深入了解自己在哪些方面有所不足，而不足的方面是否对领导行为产生干扰。

哈佛大学心理学博士丹尼尔·戈尔曼联合理查德·博亚特兹、安妮·麦基共著的《情商4：决定你人生高度的领导情商》一书中，将各种能力汇总成情绪能力量表，高潜力的领导者往往得分很高。"戈尔曼情商四维度"就是通过多视角、360度评估管理等方法，对衡量领导者的工作业绩有很重要的参考价值。

戈尔曼强调，此模型的四个领域并不包括与生俱来的能力，而是后天习得的技能，每一项技能都有助于提高领导者的工作效率。成功的领导者往往会占据很多优势，或者至少在其中一个领域占据巨大优势。

"戈尔曼情商四维度"的具体内容如下：

（1）自我意识领域：情绪上的自我意识、清晰的自我认知、自信。

（2）自我管理领域：情绪上的自我调控、思想开明程度、适应性、成果导向性思维、主观能动性、乐观主义。

（3）社会意识领域：同理心、组织意识、服务导向。

（4）关系管理领域：培训下属、鼓舞人心的领导风格、推动革新、影响力、冲突管理、团队管理与协作。

通过对比"EQ-i情商测试模型"和"戈尔曼情商四维度"可知，两个模型中存在明显的重叠部分，如自我认知、自我意识、适应性、同理心、乐观主义等都是共性的。

"EQ-i情商测试模型"中的情绪控制和"戈尔曼情商四维度"中的情绪上的自我调控是一致的；

"EQ-i情商测试模型"中的自我认同和"戈尔曼情商四维度"中的自信表达的理念相似；

"EQ-i情商测试模型"中的人际交往和"戈尔曼情商四维度"中的关系管理形成一致共性；

……

但两个模型所列的清单里也有区别，"EQ-i情商测试模型"侧重领导者所需的统筹性能力，"戈尔曼情商四维度"则侧重领导者在实践中所需的能力。

情商对于领导力的成功是一项重要因素。在霍华德·布克和史蒂文·斯坦合著的《情商优势》一书中，详细阐述了将"EQ-i情商测试模型"应用于美国青年总裁组织成员身上的研究项目。青年总裁组织的成员都在40岁以下，且在规模不少于60人、年收入不低于500万美元的公司担任董事或总裁。经过一段时间的研究发现，这些年轻的成功人士的确与之前的研究对象——职业经理人在情商方面有所不同。青年总裁组织的成员的适应性更强，具备随时抓住机遇并快速行动的能力，他们还具有强大的独立自主精神，在谈判期间和决策阶段的表现特别坚定自信。

传统印象中，职位越高的人承受的压力越大，但通过对青年总裁组织成员的调查发现，情商较高的领导者比情商较低的领导者所承受的压力要小很多，身心也更加健康。

## 有效激励奠定情商下限

美国企业家迈克尔·德普雷认为,"人们之所以需要工作,是因为希望通过工作获得成就。"

对于员工来说,工作不仅是生存的需要,如果能在工作中得到认可,那么工作将成为取得成绩的途径,因此领导者要善于运用成就激励员工。激励机制的设置要包括受到激励、努力工作、获得成就、释放压力、得到满足、实施回馈六个环节(见图10-1)。

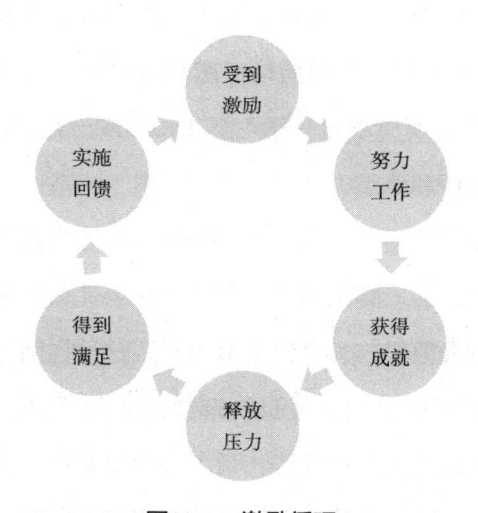

图10-1 激励循环

激励分为内在激励和外在激励,也分为长期激励和短期激励。而且,为了让激励效果更加凸显,可以将激励公开化,让所有人都看到。

1. 内在激励与外在激励并举

内在激励表现在无形的兴趣相符合精神满足上,外在激励体现在有形的物质奖励和地位提升上。

内在激励具有人性的不确定性,领导者首先要给予员工尊重,赏罚得当,一视同仁;其次要量才适用,让员工在工作中发挥最大价值,获得最大成就感;最后则是帮助员工获得持续提升,这是安全感的保障。外在激励更容易实现一些,因为物质和地位就摆在那里,只要设计得合理、公正,就能引起员工的响应。

职场新人类已经从过去的"有工作就OK"变为如今的"做想做的工作才OK"。渴望得到认可,在工作中追求自主权和被信任感,希望通过理想的工作实现自我价值。很多企业已经注意到职场新人类的这种变化,在设计激励系统时充分考虑到这一点。

Facebook连续几年被Glassdoor(知名招聘网站)评为"员工最满意的公司",因为能够给予员工足够的信任感和自主权。新员工在入职训练营中就能接触到公司的所有项目,学习到Facebook背后完整的代码,这是来自公司最高的信任和尊重。

在新员工入职培训的最后几天里,Facebook人力资源部门的负责人会进行提问调查,"你想加入哪个团队?""你想从事什么样的项目开发?""你觉得公司的哪些方面值得你为之付出努力?"这种提问等于再给员工自主选择权,让员工在了解公司以后自行选择团队和项目,能够自由选择团队,有利于自己在强项上发挥优势,员工会很愿意投入其中。重视员工也是内在激励的一种表现,却比内在激励的覆盖面大。因为重视已经超出工作范围,是对人性的渗透。

2. 短期激励和长期激励相结合

短期激励促收益,长期激励促发展。企业既要给予员工足够的现时收益,也要给予员工具有吸引力的远期目标收益。

短期激励通常是以月度、季度、年度为周期的激励措施,采用最多的是月度激励和季度激励，兑现的时间跨度短，将每次的激励联结后，整体效果很好。

以月度激励为例：短期激励分为标准月薪和绩效月薪两种。标准月薪又分为固定月薪和提成。绩效月薪通常不是按月发放，而是转换成季度奖金或年终奖的形式。这两部分月薪的设立是否合理、到位，关系到激励效果。

短期激励以 1 年为上限，长期激励则以 1 年为下限，或者 1～3 年，或者 2～4 年，或者 3～5 年。长期激励的实施前提是激励对象要满足一定的工作年限，因为长期激励需要跨越较长的时间周期，要防止激励对象中途退场。

X 公司规定，员工在公司工作每满 3 年，可以一次性领取该周期内的"任期效益奖金"；工作满 6 年，不仅可以再一次领取"任期效益奖金"，还可以多领取两次"任期效益奖金"5% 的额外奖励。

Y 公司规定，员工的绩效薪资中将预留出一部分，作为任期考核所用。如任期内高标准实现目标，则该部分奖金双倍发放给员工；如任期内以正常标准实现目标，则原数发还给员工；如任期内未按标准实现目标，则降低发放比例，甚至不予发放。

这两家公司的激励政策都是合理的。X 公司更加人性化，Y 公司更加效率化。

还有更长期的激励，通常为 5 年以上、10 年以内。激励的常规方式是现金加股权，一些大公司都采用这样的激励措施，称为"长期现金计划"和"长期股权计划"。

3. 激励公开化

很多企业有类似公开展示板的设置，将一些优秀员工列在上面，并将员工的优异表现也写上，这是很好的激励行为。每个人都希望自己的成绩能被更多人看到，被更多人认可，激励公开化的作用就是将员工内心的展现因子调动起来。公开做的事情必须坚守一些原则，不仅公开，还要公正。

（1）公平原则。谁能上墙，谁该上墙，谁必须上墙，必须建立在公平公正的基础上。在每名员工都执行考核的情况下，在确保考核评价有效监督的机制下，最终确定哪些员工的成绩名列前茅，就将这些员工的业绩公开，并附带照片。对内起到榜样作用，对外起到展示作用。

（2）分级原则。将被展示员工划分类型和级别，如业绩突出、工作认真、提升幅度等。各类要进行排名，排名的标准只有一个——成绩或评分高低。

（3）仪式原则。展示的频率不能过高或过低：频率过高会让员工产生荣誉麻木感，转而只关注被展示后的物质收益；频率过低则让员工失去对激励的兴趣，因为一次精神激励很难形成长期的积极性。

## 担当情绪领袖

懂得控制情绪的人占比总是少的，这些人就是情绪的领袖，多数人则沦为情绪的奴隶。情绪的奴隶被情绪控制，情绪的领袖控制情绪，前者极其被动，后者掌握主动。

任何人都不希望自己成为情绪的奴隶，领导者尤其如此。要力争成为情绪领袖，不论在任何场合，遇到怎样的事情，遭遇何等的危机，都要有"泰山崩于前而岿然不动"的气魄，即便做不到喜怒不形于色，也要有平心静气坦然面对的勇气。

但情绪总是很难控制的，因为负面情绪与人性相顺，正面情绪却与人

# 第十章
## 领导者的情商塑造

性相悖。人类在面对各种事情时，会产生相应的情绪，无论是正面情绪还是负面情绪，都需要有一个宣泄途径，在医学上认为正常的情绪宣泄有利于人体健康。但宣泄要讲究方法且要适度，不能肆意，更不能过度，一种情绪表露过头就会将自己置于不利的境地。

电视剧《麦香》中，落雁滩青年云宽和麦香相爱，但两人的爱情遭到曾结下仇怨的双方父亲的强烈反对。后来麦香的父亲为了女儿的幸福决定放下过往同云宽的父亲讲和，没想到云父不仅不讲和，反而大吵一架住进了医院，在医院里以死要挟儿子和麦香断了来往，最终两个相爱的人被拆散了。其后二三十年的风波起落，终于让云父认识到自己当年是多么荒唐。

麦父向云父求和，云父大闹的那场戏让人看了非常堵心。现实中像云父一样为了某些不必要的事，甚至是错误的事大动肝火的人有很多，他们没有想过要控制情绪，而是任由坏情绪高涨，直至大脑被完全控制。与云父形成对比的是麦父，他也曾因为女儿的选择而生气，但冷静下来后仔细分析事情的利弊，意识到没有必要为了当年的事情连累女儿错失幸福。

控制情绪不仅能隐藏自身弱点，还有利身体健康，更能让自己在事情持续发展的过程中掌握主动，这些都是显性好处。还有一些隐性好处会让个人收益更大，比如给他人带去希望，稳定团队人心，引导组织文化等。

MQT 金融投资公司创立于华尔街，公司文化是"世界每天都在发生大事，我们每天都在遭遇大事，但 MQT 从来没有过大事"。单看这句话可能不好理解，但看看公司 CEO 克拉克·伯伦斯的做法就会豁然开朗。

伯伦斯在 1999 年的一次投资失误导致公司损失百分之七十的现金流。危机已来，员工沉浸在公司倒闭的惶恐中，失业在华尔街可不是什么好事。周一清晨，员工来到公司后窃窃私语，助理内心忐忑地准备资料，大家都以为老板会憔悴焦虑。但办公室里的伯伦斯一边听着音乐，一边审阅资料，看到助理进来，平和地说："按照之前的计划，公司应该展开 B 轮投资，虽然现在资金方面遇到些困难，但公司其他业务运作良好，该投资计划应继续，只是进度稍微放缓。"

助理惊讶地说："先生，公司刚经历巨大损失，还有能力进行投资吗？"

伯伦斯说："如果按照常规投资方式肯定不行，我们可以改变方式，但不能就此放弃这次很有价值的投资机会。我知道你们的担心，但人生就是这样，不能因为坎坷拦路就放弃机会！有了困难，应该想办法化解困难，而不是屈服于困难。其实，我也对此次投资损失感到难过，但那些情绪都是昨天之前的事情了，从今天开始我们要做的是继续向前。"

伯伦斯就是一位极具功力的情绪领袖，在公司存亡之际，他没有流露出丝毫负面情绪，而是通过平和的心态影响公司的其他人，一起渡过危机。其实，任何人与糟糕状况相遇后，都会引发负面情绪，只有控制情绪才有能力尽快渡过危机。

美国前总统罗纳德·里根说过："愤怒是胆怯的表现，失望是自卑的表现，人要想获得成功，就一定要远离愤怒和失望。即便是下一秒就倾家荡产，沦落街头，我也不会让负面情绪在我心灵生根。"

情绪分为正面情绪和负面情绪。正面情绪有高兴、乐观、喜悦、开心、放松、激动等，负面情绪有愤怒、悲观、痛苦、幽怨、惊恐、多疑等。负面情绪会对人造成不良影响，负面情绪越严重，不好的影响也越重。但这并不代表正面情绪就可以无限延展，现实的情况是，如果不能正确运用正面情绪，过多地积累或过度地外泄，也会对人生造成破坏。因此，控制情绪不仅要控制负面情绪，也要控制正面情绪。

比如，当你因为过于高兴而口无遮拦时，当你因为过度乐观而盲目自信时，当你因为异常开心而不管不顾时，当你因为长久的放松而散漫懈怠时，当你因为突然降临的激动而适得其反时，你还能说这样的正面情绪是值得推崇的吗？

只有在正确的时刻用正确的方法运用正面的情绪，一个人的内心才会真正地强大起来，才能将负面情绪彻底从心中驱逐出去。一位领导者需要在决策、执行、用人、危机防范等方面持续发力，有了能够可控制情绪的坚定内心，也就有了做好一切工作的基础。因此，领导者需要修炼到也务必修炼到正面情绪与负面情绪都不可动摇自己的内心，才能在领导活动中起到决定性作用。

## 做营造氛围的高手

A在挖坑，挖好了第一个后，在相隔五米远的地方继续挖第二个，再挖第三个……B跟在A的后面，依次将A挖好的坑用土填上。C是旁观者，感觉很不解，询问B在做什么？B回答说在种树，A负责挖坑，自己负责填坑。C又问谁负责栽树苗？B回答说负责栽树的人今天请假了……

这是一个很好笑的小故事，因为现实中这样的场景几乎不会发生。但现实中真的不会出现类似情况吗？很多员工只是执行领导分配的任务，但并不知道为什么要这样做，只顾完成自己的流程任务，就像执行挖坑填坑一样，至于这样的行为对种树这件事是否产生了结果并没有考虑。

员工对执行的结果没有概念，对团队整体的结果不负责任，这说明领导者的领导行为产生了重大偏差，没能在企业中形成文化氛围。通常这类领导者更多的是具体执行的角色，比如流水线某岗位缺岗，他可能会冲上去顶替，做到使命必达。但一名好的领导者不仅要能管理具体事务，还要管理人，进而培养人。而一名优秀的领导者则完全脱离了管理具体事务，对人也是影响多于管理，他们注重建立企业文化，营造团队氛围，影响和引导员工主动工作。

从一般领导者到优秀领导者的进阶过程离不开三个"建立"：

（1）建立团队（执行层面）：通过良好的执行赢得员工、客户的信任，带领团队完成各种挑战。

（2）建立体系（管理层面）：要在团队内部树立规矩，搭建完整的、公平的、可根据实际情况灵活调节的管理体系。好的体系，输入三流人才，输出一流结果；差的体系，输入一流人才，输出三流结果。

（3）建立文化（领导层面）。优秀的领导者都在致力于营造氛围，创建企业文化。当领导者的个人魅力越来越大时，就成为组织的精神领袖，这时候让终端的执行者自行决策，形成下沉文化。

通过对领导者进阶过程的简单阐述，可以知道营造氛围是领导者进行领导活动的一项重要能力。为什么要强调氛围呢？

绩效是能力和意愿相结合的结果。通常情况下，员工的能力都足以支撑起工作任务，但能否取得良好的绩效不是看能力，而是看意愿，营造氛围就是激发员工的意愿。下面列举一些营造氛围的小案例，仅供参考。

某公司给员工配"保姆"，员工离职后给"嫁妆"——对于自己培养出的人才被其他公司挖走的奖励，发双份薪资——一份给员工，一份给员工的家人。

某跨国企业的中国区总裁亲自开车把获奖员工的父母接到颁奖现场，礼遇有加，并代表公司向员工父母表示感谢。

某公司办公楼前有座钢铸的荣誉柱，在公司干满五年且成绩优异的员工都能在荣誉柱上找到自己的名字和编号。

某公司年会上，CEO宣布第二年的目标是产值达×××亿元，一边用视频回顾过往的成绩，一边和大家一起高唱《我要飞得更高》。

某公司在员工生日的当天零点送上公司CEO的感谢信，早上上班时送上鲜花和巧克力，晚上下班再送上不固定的小惊喜。

某公司设立大病基金互助项目，在公司工作满一定年限的员工如果得了重疾，可以享受公司20万～30万元的无偿救助基金。

……

## 搭建情感关系

秦穆公继承国君之位时，秦国国力不强，百姓生活相对困苦，散落在秦国边境的"野人"的生活更加贫困，便常做出骚扰地方安宁之举。一次，秦穆公的一匹宝马跑了出去，被一伙"野人"捕获吃掉了。这些"野人"被抓住后，臣子们要求严惩，以儆效尤，秦穆公却说："民众生活不易啊！猎杀一匹马是为了果腹，况且他们也不知道那是寡人的马。怎能为了一匹马而处罚几百人呢？""野人"们被释放后，还得到了秦穆公赏赐的酒肉。

随着秦穆公励精图治，秦国国力日渐增强，秦晋两军在韩原交战。几番激战不分胜负，后来晋军用计围困了秦军，秦穆公尝试几次都无法突围。突然从晋军外围杀入一支人马，衣衫褴褛，手持各类工具，但异常骁勇，拼命厮杀，竟然将晋军包围圈撕出一个口子，秦穆公因此逃脱。后经询问才知道，这些人就是当年吃了秦穆公宝马的"野人"，他们一直感念秦穆公的恩德。后来，秦穆公将这些人编入亲卫军，成为国君最有力的保护者。

人非草木，皆有情感。秦穆公处理"吃马事件"时，并未与"野人"见过面，但国君对待自己的仁慈却让"野人"记在心里，虽然他们当时没说什么，却埋下了感情的种子。

领导者在与员工接触时，也应多与员工建立情感上的联系。人与人之间有了情感互通，才能建立更深入的互动。当然，情感沟通不是要将情感流于表面，不是每件事都要特别强调自己是"有情有义"的，这样的做法只能让对方反感，起不到联系情感和激励斗志的作用。

某公司老板对一位员工说："你父亲生了重病，公司能做的也不多，从本月开始给你涨薪 500 元，就算是公司的一点心意。"如果老板只讲到这里，该名员工将会对老板心存感激，毕竟急人之所急是很难得的。但老板继续说："你看看有哪家公司能主动给员工涨工资的，还是在员工没做出什么突出业绩的情况下。所以，公司也不要求你别的，就是有一颗忠心吧！你要明白，在你最困难的时候，公司还记得你，给了你帮助。"

这位老板至于如此刻意强调公司的好也就是他自己的好吗？其实每个人的心里都有一杆秤，谁对自己好，谁对自己不好，没有比自己更清楚的。老板的行为员工看在眼里记在心里，难道非让员工说出来"感谢公司，感谢老板，我一定记得您对我的好，为了您我愿意赴汤蹈火，万死不辞……"嘴上表了态，心里就一定会感恩吗？

据说那位员工当场感谢了老板的"恩情"，可以理解为他不得不感谢，因为老板就在那里等着他感恩！但这位员工一年后就辞职了，在离开时与老板发生了矛盾，老板直接说出该员工忘恩负义，当初主动给他涨工资的好处这么快就忘了。老板这样做，人家哪怕不想忘，都要逼着自己忘了，谁愿意记得这种负债感强烈的"恩情"？何况员工也不是白拿钱，也在为公司做贡献。

由此可见，领导者与下级建立情感必须是真诚的，虽然没有无缘无故的爱，建立情感所进行的投入势必希望得到一些回报，但不能让得到回报的心理占据上风，不能让员工很明显地感受到领导者对自己"好"的背后是极大的功利心。员工如果在与领导者的情感联系中更多地感受到真诚，当然愿意努力工作作为回报。

领导者与员工建立感情的方法有很多，但总结起来不外乎两大类：

## 第十章 领导者的情商塑造

1. 利用及时的好处与下级建立感情

某小城市有 X 书店和 W 书店堪称一对双璧。X 书店的女老板有魄力、有度量、懂得体谅员工辛苦。在服务员月薪仅有 300 元的时代,她手下的几名员工的薪资每月都在 400～500 元。作为一家小微企业,能在工资上做出较大浮动,实属难得。

书店行业每年会有两个月的超旺季,顾客有时候早上七点就在门前等着买书,晚上九点多还来买书。员工要在晚上客户不再买书后统计书目和数量,以便第二天补货,旺季的辛苦可想而知。女老板让三个店铺的员工在晚上轮流尽量早一点回家,她自己代替他们进行统计和打扫店铺。

有时员工会忙到午饭都没时间去买,女老板买好后会给几个店铺的员工送过去。饭菜的品质很好,员工虽然很忙,但心里很暖。

遇到丢书的情况,女老板也不会追究。毕竟旺季时顾客太多,每个店铺的两名员工要兼顾算账、推荐、查找、整理、来货统计和上架,还有为学生发放订阅资料,工作量相当大。顾客形形色色,鱼龙混杂,免不了有浑水摸鱼的,员工根本没有精力照顾到。

到了淡季,顾客稀少,有时甚至一天没有几个顾客,员工可以在店里看书学习,就等于一边拿工资,一边干自己的事情。女老板不仅不反对,还很支持,真心希望员工能多学知识,将来能有更好的前途。

这位女老板的做法让人敬佩,她用自己的真心感动了员工,也换来了员工的真心回报。手下的几名员工,都兢兢业业,没有一个叫苦怕累的。如今,这位女老板早已转行,凭借其人格魅力,在新的行业也很快崭露头角,成为当地商业领域的风云人物。

与员工建立情感联系,不能寄希望做一件有利于员工的事,员工就会感恩戴德。员工作为劳资关系中的弱势一方,很多时候是没有主动权的,需要领导者在情感联系时更为主动,让员工感受领导者的情感热度,才能以真诚的情感予以回馈。

2. 借助下级的错误建立坚固的感情

春秋时期，楚国名将养由基取得平叛战争大胜，楚庄王大宴群臣。席间美酒佳肴、觥筹交错，丝竹之声不绝于耳，直到黄昏仍未尽兴。楚庄王命人点起蜡烛，并叫来宠爱的许姬和麦姬前来助兴，轮流为文臣武将敬酒。

忽然一阵疾风吹过，宴席上的蜡烛都被吹灭了，两位宠姬正在发愣，突然一个人拉住了许姬的手，许姬慌忙挣脱，并扯下了那人的帽缨。许姬几个踉跄奔到楚庄王面前告状，让楚庄王点亮蜡烛，看看谁的帽子上没有帽缨，谁就是无礼之人。

楚庄王听完，命人暂时不要点亮蜡烛，还对大臣们说："寡人今日设宴，就是要诸位尽兴方归，现在请诸位都摘去帽缨吧！"

君臣尽兴而散，许姬埋怨楚庄王不为自己做主。楚庄王劝慰她说："此次宴饮是为了让君臣关系更为融洽，寡人说了要尽兴，每个人都喝醉了，酒后失态乃人之常情，若要追究，不仅大煞风景，也会冷了大家的心。"

三年后，楚庄王出兵伐晋，一名叫唐狡的战将主动请缨作为先锋，无一战不效死命，此役楚军大胜。战后论功行赏，唐狡功劳最大，他不仅不要赏赐，还谈到了三年前自己在宴会上的无礼行为，今日用命不过是为了赎罪。

人非圣贤，孰能无过？任何人都会犯错误，作为领导者，要分清楚错误的性质，不能一见员工犯错误就不依不饶，必要严惩不贷。其实，很多错误是可以被原谅的或者只需要小惩大诫，更高明的领导者还会借助员工的错误与员工建立起牢固的友谊，让犯错的员工不仅能够用心改正错误，还会更加忠诚。

# 第十一章 领导者的沟通艺术

探讨领导力,就一定不能忽视沟通艺术。只有沟通到位,领导者才能将自己的意图顺利传达出去,下属也才能充分领会。

## ▶ 建立及时的反馈系统

一家企业的市场调研部门和研发部门如果沟通不畅,将是一场灾难。但这不是两个部门间用一纸公文就能说清楚的,双方需要反复讨论,将彼此掌握的信息融汇交流,取长补短,制订出最合理的方案。这种反复讨论的过程不仅是相互沟通,更是相互反馈,彼此传达意见,不断获得对方反馈的意见。

曾有记者问沃尔玛公司创始人山姆·沃尔顿:"您总结一下沃尔玛的管理理念是什么?究竟凭什么发展成现今的规模?"

沃尔顿说:"我从未总结过,因为这不需要总结,沟通和反馈就是我们成功的关键。"

将沟通和反馈做好了，就有机会比肩沃尔玛？当然事情远没有这么简单，却能反映出沟通与反馈在企业发展过程中起到的重要作用。再大的企业也是由点滴汇聚而成的，凝结无数点与滴的黏合剂就是沟通和反馈。

一个完整的沟通与反馈的过程是环状的——"信息反馈环"（见图11-1）：

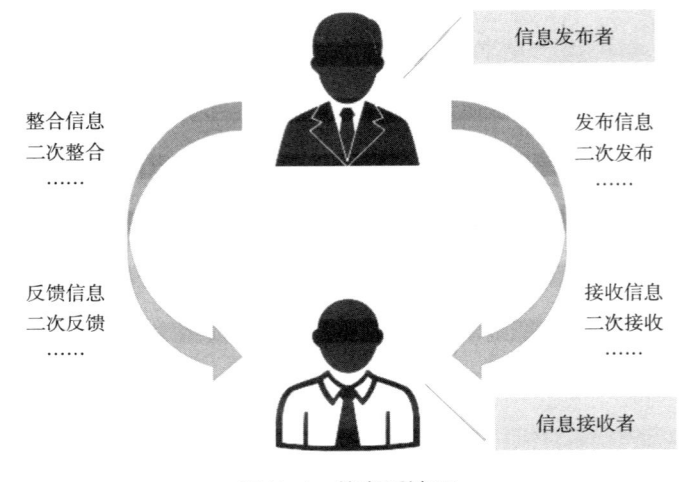

图11-1　信息反馈环

"信息反馈环"的具体解释如下：

（1）信息发布者通过自身的表达（语言或姿体动作）发出信息。

（2）信息接收者通过各类渠道（通常为听或看）接收信息。

（3）信息接收者在接收信息的过程中或过程后，及时做出回应，以澄清信息传输过程中可能的误解和失真（此时信息发布者和信息接收者的身份对调）。

（4）信息发布者接收来自信息接收者的反馈，再次形成观点，进行表达（信息发布者和信息接收者的身份恢复）。

领导者须将沟通与反馈联系到一起，让每一次沟通都能得到必要的回应,并从回应中得到所需的信息。但很多领导者在实际操作中仍然有很多值得商榷的地方,比如得到的回应并不是员工真心想说的,得到的回应与现实的结合度并不高,得到的回应是针对他人的……借助以下几个案例具体呈现:

案例1:

领导者A:"这件事交给你去做,有什么想法吗?"

下属X:"哦……没有。"

领导者A:"好的,去做吧。"

案例2:

领导者B:"这件事交给你去做,你看看有什么困难吗?"

下属Y:"上次做的那件工作,最终的结论还没有下来,到底怎么样了?"

领导者B:"还没有,你先把这件事完成。"

案例3:

领导者C:"这件事交给W去做吧,你还有别的任务。"

下属Z:"没问题,您向来慧眼,指派的人不会错的。"

领导者C:"好,那就这样吧!"

三个案例中,领导者都得到了反馈,但对于工作的进展都没有起到作用。其中:案例1中下属的反馈最有价值,犹豫表明其心有顾虑,但领导者未加理会,很可能因此错过发现错误的机会;案例2中下属的反馈与实际工作无关,领导者应该对其在表现欲和责任心方面进行重新评估,是否胜任当下这项工作,但领导者却未予理会;案例3中下属的反馈是"拍马屁",领导者需提高警惕,对这名员工的工作能力和人品素质进行更多了解,但领导者在接受了"马屁"后并未认真对待。这三种状况都可能引发执行不力、任务完成不高或者无法完成的局面。

其实,领导者希望得到下属的反馈,一方面可以了解自己在工作中是否存在错误,毕竟多一个人看问题会更清晰一些;另一方面可以捕捉下属的心理状态,领导者可以据此更加精准地安排工作。

## 领导者的沟通方法

作为领导者,具备高超的沟通能力已经成为领导活动得以有效实施的重要保证,沟通本身也已经成为领导者工作的重要内容之一。对于领导者来说,沟通是为了实现组织目标,黏合组织内部的运作关系,整合组织内外部的各种资源,实现相互支持、相互配合、相互助力。

为了达到这个目的,需要运用各种沟通方法,在此列出"八向沟通基本法"(见图11-2)。

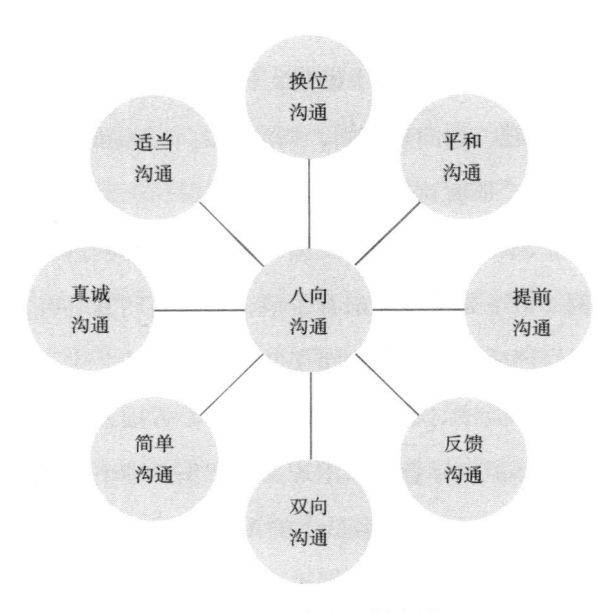

图11-2 八向沟通基本法

1. 明确目的，提前沟通

优质沟通都是有明确目的的，沟通的过程必是围绕目的展开。因此，沟通之前必须明确此次沟通的目的，然后选择合适的沟通方式，逐渐展开。

领导者要避免犯两个错误：一是不要盲目确信自己正确地掌握了沟通目的，二是不要天然性地认为沟通对象能够明白此次沟通的目的。

在沟通开始之前，领导者要确认沟通目的的正确性。某公司出现离职潮，一个月之内走了五名老员工，另两名老员工也心存去意。老板心慌，便与留下的老员工 A 沟通："你们对工资待遇不满吗？" A 苦笑，不置可否。老板又与老员工 B 交谈："你们之间发生了矛盾吗？" B 没有正面回答，只说了句："大家都是上班而已。"很显然，老板没有获得想要的信息，沟通失败了。

失败的原因就在于沟通的目的错了。他想要了解老员工集体离职的背后原因，但沟通的过程却被他定式化了，按照他自己对于老员工离职的分析结论在向 A 和 B 求证。但因为他分析错了，得出的结论也是错的，自然就无法从 A 和 B 那里得到他想要的"是的"。

如果这位老板换一种问法："你对于公司目前的经营管理有哪些看法？"或者"如果你也离职，最直接的理由会是什么？"前者不那么直接，但只要沟通到位也能得到想要的结论；后者相对直接，沟通时更需要技巧。

2. 相互尊重，真诚沟通

尊重沟通对象，是良好沟通的基础。领导者与下属沟通不能以权压人，如果借助职位权力强逼下属回答、解释、认同、交代，不仅沟通无法实现，还会失去下属的支持。在管理学上对于沟通双方的人格进行了定义："尽管领导者与下属之间有职位高低、权力大小的差别，但那仅仅是因为工作性质的不同，在人格上绝对是平等的，都有实现自尊的强烈心理需求。"

只有双方互相尊重、相互信任，在此基础上进行的沟通才有意义。领导者必须把下属放在与自己平等的位置上，相互尊重，真诚相待，沟通效果才能获得有效提升。

3. 求同存异，换位沟通

沟通目标是否实现的重要标志是，沟通发起方与沟通对象之间能否达成双赢。实现双赢的前提则是换位，将自己与对方的位置对调，站在对方的位置、从对方的立场思考，真心地去发现和接纳对方的想法，以此发现自己与对方的共同点。

为什么要和对方建立共同点？因为只有形成共鸣，才能在面对问题时有共同的切入点，形成双方都能接受的解决方法，如此沟通就达到了一定的高度。

某人请一位盲人朋友吃饭，酒足饭饱之后，朋友起身回家。主人给他准备了一盏灯笼，盲人朋友生气地说："我看不见，你给我灯笼做什么？"主人说："你看不见，但别人看得见你，有了这盏灯，即便走夜路也不怕有人会撞到你了。"这位主人能替盲人朋友想得周全，就是因为他站在了盲人的角度思考问题，明白盲人生活中的一些不便。

4. 主动倾听，双向沟通

沟通从来不是单向行为，在与他人的沟通过程中要注意对方的感受，不仅自己的意见要明确表达，也给对方充分表达的机会。对方表达时，自己要认真倾听。能够积极主动地倾听，就是表达了对对方的尊重。

双向沟通在平行沟通中不难做到，但在"上—下"或"下—上"的不平行沟通中，倾听就成了奢侈行为，处于"上"位置的领导者很难放下身段倾听下属的意见。为"上"者习惯了发号施令，为"下"者只能俯首听命,这种所谓的沟通是虚假的,只是领导者权力的体现而已。

沟通应该是双向的,与沟通中个体的职位没有任何关系。如在沟通过程中,领导者做到了认真倾听下属意见,下属的沟通性质就会由被动变为主动,更加积极地参与到工作中,主动开启思考,增强配合意识,提高执行能力。

5. 控制情绪,平和沟通

情绪控制好了,吵架变成沟通;情绪控制不好,沟通变成吵架。现实中,本来的目的是沟通,最后演变为吵架的情况司空见惯。有人说,因为意见不合,所以吵架。其实,就是因为意见不合,所以才要沟通。沟通的目的就是要消弭不合点,最终达成双方都能接受的状态。但很多人在沟通过程中无法控制情绪,没说几句就激动起来,如果对方也无法控制情绪,必将演变为吵架,即便对方能控制情绪,因为另一方很激动,沟通也将无法进行。

因此,想要好好沟通,就要控制情绪,尤其是领导者不能做破坏沟通的那一方。因为领导者掌握着沟通的主动权,更容易放松对情绪的控制。领导者一定要对下属有宽容之心,容忍下属在沟通中的失误或错误。其实,在沟通中发现问题总比在执行中出现问题要好。即便遇到糟糕情况,也要平心静气,明白沟通正是为了解决当下的难题,激动是解决不了问题的。

6. 逻辑清晰,简单沟通

沟通是为了说明自己的观点或者阐述问题的解决方案,因此少不了主张、论点、论据、根据等。首先说明自己所要阐述的主张,其次提出论点,辅以论据进行佐证,有必要的情况下提出根据做陪证。当有理有据地讲明一个问题后,对方会很容易接受,沟通的顺畅程度会增加。

因此,有逻辑性的沟通也是最简洁明了的沟通。如果做不到逻辑清晰地沟通，就会产生三个问题：

（1）答非所问的困难。沟通一定要根据别人的阐述（不一定是问题）来给出自己的回复（不一定是回答）。如果做不到正确回复对方的阐述，双方自然无法进行有效沟通。

（2）啰啰唆唆的麻烦。滔滔不绝地说了一堆，对方却不明白。在沟通学中有一句忠告："一个能将问题说明白的人，是绝对不会长篇大论的。"

（3）表达不清的尴尬。沟通缺乏逻辑，或者沟通发起方阐述观点不明确，或者沟通对象论述意见不清晰，这种情况势必对沟通造成极大障碍。

7. 情理结合，适当沟通

沟通不是简单地动一动嘴就可以的，还要有其他因素辅助，如时间、地点、环境、其他人员等，无论什么情况，都要做充足的准备，切忌匆忙应对。

沟通也不能只抓住问题的一点，还要涉及其他方面，比如沟通对象的身份、习惯、性格、学历、能力、经验等，使用最恰当的语言风格和表达方式，做到情理交融，真正利用交流感染对方，对方才能更自然地投入沟通中。

8. 上下通联，反馈沟通

沟通不是一次性的，想让一次沟通的效果达到最好，需要后续进行至少一次的沟通反馈。反馈分为两种情况：

（1）领导者在沟通之后主动进行询问，了解下属对于沟通的反应和进一步想法（适用于中小型企业）。

（2）建立反馈机制，企业内部有相关部门对相关人员进行了解（适用于大型企业）。

良好的反馈机制，一方面能够使沟通过程不断层，另一方面能不断印证沟通双方的观点。领导者将反馈的信息进行分析筛选，如果下属的意见正确就接受。有效而及时的反馈,对于领导者的工作有积极的促进作用,可以帮助领导者及时改正不足,令自己更加强大。

## 用认同化解失控

所有领导者都希望自己领导的团队具有凝聚力,并形成强大战斗力。于是,领导者为员工一边确立目标,一边树立愿景,既承诺奖励,也设置处罚。这一系列组合拳打出之后,领导者真的能收获希望的结果吗?

现实情况通常是,员工尚未感受到愿景的美好,先感受到了目标的压力;还未体会到奖励的甜,先尝到了处罚的苦。这种情况下怎么会有干劲,有的只能是抱怨。

有的领导者吸取教训,收起了"组合拳",变指挥员工加油干为带领员工加油干,但这种做法是双输的,领导者疲惫不堪,员工也怨声载道。

于是,一些领导者迷茫了,为什么有的企业员工确实很有干劲,是如何做到的?自己为什么费了这么多劲,还是一无所获呢?一位世界500强企业的领导者对于如何带出优秀团队有很成熟的理解,他说:"当所有人都能达成共识时,团队就开始形成了。"

达成"共识",让团队的每名成员都理解企业业务的核心要素,如产品时长、市场细分、顾客群体、购买行为、竞争状态、亏损因素、盈利因素、阻碍因素等。简而言之,就是领导者知道的事情,团队的每一个人也都知道。

在传统的领导者与被领导者关系中,不管是不是有意识的,领导者通常都不会将业务情况告诉下属。一家小图书公司的老板长得人高马大,看起来粗犷豪放,做事却非常"细心",接打与业务有关的电话时要关门,销售人员联系的业务到了要与客户见面的阶段必须他亲自出面，客户希望建立图书撰写群加强交流的要求被他一口否定。总结这位老板的行为，得出一个原则：不能让员工和客户有接触的机会。

作为领导者为什么不愿与员工分享企业信息呢？是在害怕什么，还是不希望给自己带来麻烦？其实两者兼而有之。有些企业的客户信息确实很重要，甚至关系到企业的生存发展。这方面我们常能看到某位核心员工跳槽了，顺便带走了很多客户。

现实也让我们知道，很多领导者还是愿意分享企业信息的，希望员工能更加了解业务状况。分享信息不是简单的"我说，你听"就可以办到的，这个过程中，领导者需要付出很大努力，不断地阐述。导致这种情况与人类的选择性接受的天性有关，初期阶段，员工可能只会听取关于自己部门和专业的信息，挑选自己认为适合的部分加以实施。只有针对核心问题反复强调，员工才能做到"舍小我，顾大我"，将更多关于企业整体性的信息输入脑中。同时，个体的学习曲线差异很大，总有一些人要花比他人更长的时间才能领会，但团队是整体，想要尽量做到不让一人掉队，领导者要付出的努力可想而知。但一切都是值得的，共识一旦达成，可以引导团队爆发出巨大能量。

为了给领导者减负，还是需要方法加持，在此我们推荐建立内部对话机制，让每一名成员都参与讨论，为团队成员之间相互影响的对话提供一个参照，拓宽整个团队的认知视野。

建立内部对话机制，一方面有助于员工建立和领导者的更多关联，让员工感受到来自领导者的尊重；另一方面，能够更深入、更全面地进行团队协作，让团队在面临的挑战、机遇以及可获得的资源等问题上达成共识。

如何实施内部对话机制呢？一家医药公司的做法值得我们参考和借

鉴。该公司董事长希望企业的每一位领导者都能明白，自己和团队中的其他人是相互依存的，"领导不是一件独立完成的事情，"董事长说，"如果我们能够人尽其才并有效地促进他们之间的交流和协作，那么这个团队就能做到其他团队做不到的事。"

董事长要求企业五个业务部门中的任意一个都能随时启动两个项目——月度会议和季度评级。

月度会议是各部门负责人向董事长正式报告的时间。关于会议的目的，董事长说："是为了在每个月有互相鼓励的时间，平时我们会互相发邮件来交换意见，也会召开其他的会议用来讨论业务，但在这个会议中，我们会在一些问题上达成一致，给予双方支持。谈话中会很多次地出现这个问题——'我们怎么看？'我总是试图让他们谈谈自己忧心的问题。我希望这些领导者能告诉我，他们预见的'红色'危险情况，而不是'黄色'或'绿色'的无关紧要或顺利的情况。我希望从他们那里听到的是我们觉得有挑战性、有风险的以及需要得到我们帮助的事情。"

月度会议这种谈话形式的目的不仅仅在于发现和解决风险，还更深入地涉及了绩效表现和责任感，让与会者把问题摆到桌面上，承认在哪些方面遇到了困难。"帮助领导者克服困难是我的责任，"董事长说，"其实，有许多困难仅仅在谈话层面就可以得到解决了！"

季度评级让所有人更加重视彼此的表现，公司要通过这项措施让员工明白，保证正确行为的具体实施是非常关键的步骤。董事长说："作为一个领导团队，我们一起工作的行为有十三种，我们会始终努力践行这些行为。每个季度我们都会对彼此的表现评级，并通过积极参与评级会议来加强这些行为。只有不断做正确行为才能取得团队工作的突破，我们也才能成为一个善于突破的团队。"

## 正面沟通，消除误解

A 是某公司资深员工，他的一项自认为很有创意的建议被老板否定了。带着巨大的不满，A 郁积了很多不良情绪，连续两天都和同事发生矛盾。A 情绪上的变化老板看在眼里，也明白原因。第三天中午，老板在微信上对 A 说："今晚有时间吗？我们好好聊聊。"A 求之不得，他想要将不满都吐出去。

下班后，A 和老板在饭店里边吃边聊，老板让 A 说一说这次建议被否定后的想法。A 打开话匣子，将不满和不解都说了出来。在 A 说话的全过程中，老板除了倾听和点头回应，从未打断。

A 说完后，老板问："你想不想听听我对这件事的想法？"

A 说："当然，这正是我想知道的。"

老板说："你的建议我认真看过，可以概括为四点，第一……第二……第三……第四……可以看出你是非常用心的。但是，这四项归纳起来就是一个建议，可以称为'……'类似的建议在你尚未入职前就已经尝试过了，可惜并未成功。如果你对这一点有疑问，去调出公司的记录看看就清楚了。"

听到这里，A 有些不安，脸上也有些发热。老板顿了顿，接着说："你对工作认真的态度，我都看在眼里，也非常欣赏，你的能力和探索精神值得学习。但我不希望你被这件事影响了心情和工作状态，所以要向你解释明白，以消除误会。我希望你能在未来的工作中继续努力，多为公司提宝贵的建议，我们共同努力，共同进步。"

A 感受到了老板对自己的认可，也意识到了自己能力上的差距，转变了骄傲自负的心态，认真投入工作中。

这位老板采用的就是正面沟通。当下属因为工作对领导行为或者公司制度产生疑问和误解时，领导者不仅要及时发现，还要及时做正面沟通。对领导者来说，这本不是困难的事情，只需要多观察下属，多与下属建立联系即可。但现实中很多领导者却将这样的行为视为"自降身价"，他们认为下属只需要服从命令即可。但是，若下属不是主动地去执行命令，就会对领导者的领导行为产生排斥，将会对执行造成不必要的阻碍。因此，作为领导者，经常与下属就工作上的问题进行交流是一项必要的工作。只有多沟通才能更好地解决问题，才不会堆积误解，也能更大范围地消除与下属的隔阂。

领导者与下属进行正面沟通，需要注意几个问题：

（1）沟通的提出方式要干脆，不要拐弯抹角。

（2）沟通的过程要融洽和谐，不能居高临下。

（3）沟通的机会要恰当，不能强行为之。

（4）沟通的次数要保证，不能长期不为。

既然正面沟通非常重要，也了解了应该注意的问题，那么如何才能让正面沟通发挥最佳效力呢？下面介绍两种常规性方法或者说两种情景。

1. 与单个员工进行正面沟通

本节案例就是领导者与某位员工的单独沟通。领导者采用这种方式，沟通对象会产生被重视感，更愿意吐露心声。

单独正面沟通的地点选择，可以在下班后，也可以在工作期间。领导者将下属叫进办公室进行面谈。办公室相对于饭店、公园、书店或者领导者家里，会让下属有拘谨感，领导者要在沟通时营造轻松的氛围，为下属创造自由说话的机会。

此外，还可以通过发邮件、打电话、即时通信聊天等方式进行单独沟通，只是非面对面的沟通在诚恳度上会大打折扣。

2. 通过集体形式与员工进行正面沟通

最主要的形式是会议，可以是一名领导者对应多名下属，也可以是多名领导者对应多名下属。若希望会议形式的沟通达到良好效果，需要注意以下几点：

（1）可以事先对员工有所交代，如下次开会要做发言。

（2）仅限于员工对公司制度有意见的情况下，而非对其他某个人有意见。

（3）在听到员工的陈述后，领导者必须做到实事求是、客观公正。

此外，还可以通过集体活动的形式，比如团建时，娱乐、聚餐之余，每个人的心态相对轻松，更容易说出内心想法。领导者要做的是多倾听，少发表意见，以便收集更多有用信息。

## 跨度沟通，突破局限

有人曾针对创业公司的领导进行过一项调查，内容很简单，就是回答一个问题：团队什么时候应该进行沟通？有人原本估计有半数人会将沟通与问题联系在一起——在有问题出现的时候进行沟通。但实际得到的答案中，超过77.5%的人都做了类似的回答。其实这个答案没有错，有了问题自然需要沟通。但关键在于没有问题的时候就不需要沟通吗？

说到这里一定有人会质疑"没有问题为什么要沟通？"或者"没有问题要沟通什么呢？"但是，问题是怎样出现的，我们必须思考这个问题。问题不是凭空来的，除了突发状况以外，大多数问题都是日积月累形成的。在平时看起来没有问题的时候，往往问题已经在暗中酝酿了，团队内部的及时沟通有利于发现隐患问题。

团队的及时沟通是有必要的,很多领导者也知道沟通的重要性,于是出现了"随时沟通"的情况,领导者一声令下,员工便放下手边的工作,集体出席一次会议。领导者满足了沟通的想法,员工却被打断了工作的连贯性。因此,团队沟通需要在同一平台下进行,也就是建立沟通平台,形成长期的、固定的交流模式。团队中的每个人都知道,到了什么时间节点,到了什么事情节点,需要进行沟通交流,大家会做好准备,到时主动放下工作,参加集体交流。

W公司规定每周五下午五点召开周总结会议,由各项目组组织;每月最后一个工作日的下午召开月总结会议,由各部门组织;每季度最后一个工作日召开季度总结,由公司组织;每年最末周的最后两个工作日举行年会,总结一年的工作成绩,展望第二年的工作,并对工作优异者进行表彰。

在固定时间内沟通,会保障员工的工作状态。但因为沟通仍是在企业内部进行,员工还是会感到紧张,毕竟谈的是工作上的事,场合也是工作的地点,面对的是工作中的领导。因此,若能选在工作以外的环境,在规定时间内以彻底脱离工作的方式进行沟通,情况就会好很多。

日本三井物产公司有一项"星期五下午茶"制度,即每个星期五下午三点,公司各部门员工以喝茶的方式聚集到大型休息室内,大家一边喝茶、喝咖啡、喝红酒(低度),一边随意讨论。沟通的对象可以是平级同事,也可以是领导或下属;沟通的内容可以是工作,可以是生活,也可以是八卦新闻。

这种沟通机制,员工身心得到彻底放松,能够感受到同事的关心,上级的信任和下级的敬佩。和谐的氛围之下,工作中一些比较敏感或尖锐的问题更容易交流,工作中产生的一些误会也有机会化解。凭借这种信任,三井物产公司员工的团结度一直很高，成为企业界团结的楷模。

以企业的名义形成的沟通方式，在很多情况下还是有些生硬，员工需要进入那个环境中才有机会展开沟通。但日常的一些小问题是需要随时通过沟通解决的，若是迁延时日将不利于工作展开。因此，企业应建立公共沟通渠道，实现员工与员工之间、领导者与员工之间的随时沟通。

和记黄埔引入了一款即时通信工具——IMO，在公司内部构建起一个能覆盖所有员工的沟通平台，员工之间、各部门之间可以直接利用这个平台进行沟通。IMO 的电子公告能够将信息及时准确地传递给每一名员工，电子公告可以同步发送到员工的手机上，让不在线的员工也能及时收到信息。

如今，绝大多数企业都通过即时通信工具建立起公共沟通渠道，员工在工具平台上及时地接收并传递企业的内外部信息，实现了零距离沟通。

# 第十二章　领导者的有效决策

一个最重要的领导行为，就是怎样快速做出正确的决策。做决策是领导者日常工作的常态，但决策可能是例行的，可能是非例行的，可能是预料中的，可能是预料外的，可能和组织有关，可能和个人相关，可能受环境影响，各种情况交织，使做决策成为一项复杂且有难度的领导行为。

## ▶ 区分决定与决策

你明天早上几点起床？穿什么衣服上班？什么时候给客户打电话？什么时候开始着手写项目进展报告？是今天下午去见客户还是明天下午去见客户？晚上要不要陪妻子去看望岳父？是买 598 元的那双鞋还是买 798 元的那双鞋呢……这些都需要给出肯定或否定的答案。那么这些答案是决定还是决策呢？

毫无疑问，以上这些都是决定。决定是针对个别事情的个别解，决策是针对所有类似事情的一般解。也就是说，做一个决定只针对一件事，想要一次解决一个问题；做一个决策则针对引发做决策事件的所有类似事件，想要一次预防或解决未来重复的问题。不论决定还是决策，能否如愿解决问题，要看决定或决策的质量。

因为决定只针对一件事，其影响过程是暂时的，影响范围只是局部，影响的后劲几乎没有。比如，我决定今天上班穿得休闲一些，然后这样做了，这件事就解决完了，后续无须再做思考；再如，我决定今天上午10点给客户打电话，打完之后这件事就彻底过去了，至于电话内容会不会引发其他问题，那是另一件事情，与"打电话"这件事不再有关系。

决策是针对后续相关事件的，其影响过程将是长期的，影响范围是全局性的，影响的后劲很大。比如某领导者规定，凡是迟到的员工，每迟到一小时罚款100元。看起来这条规定没什么问题，具体执行即可，但在操作中却引发了很多后续麻烦。因为导致员工迟到的原因有很多，这种处罚规定若只针对员工自己的错误没什么问题，但如果是地铁问题呢？或者地面交通拥堵呢？或者因交通改造导致公共运输工具减少呢？或者是员工家庭出现意外状况呢？或者员工对工作待遇不满呢？如果只是简单的罚款，上述问题将无法得到解决，矛盾会越积越深。为了能根据实际情况做出人性化管理，领导者要根据每种情况不断修改决策，最终决策面对冗长难以实施，员工也未必领情。

好的决策就是后续无须再为相关事件继续做决策，因此优秀的领导者并不会经常性做决策。那些不是在决策就是即将准备做决策的领导者，无疑是决策能力欠缺的。

领导者面对的决策情景主要有两种：①纠正错误：面对当下问题，解决当前出现的偏差和失误；②风险选择：面对未来的选择，选择所要采取的战略。

面对暴露出来的错误或未来涉及风险的选择，领导者需要有以下四项认知，区分应该做出决定还是做出决策：

（1）如果是偶然的人为错误，要分析错误的原因，可能多种多样，难以对症下药，需要根据实际情况做出正确决定。

（2）如果是真正的偶然事件，领导者要掌握"偶然"的点，然后针对这个点做出最恰当的决定。

（3）如果是新出现的常见性错误，领导者不能以"旧病复发"的心态对待，要找到问题的根源，以正确决策杜绝未来的常见性。

（4）如果是首次出现的"经常事件"，领导者切勿将这类问题看作一连串的"偶发问题"，而是需要做出决策，并制定一种规则，一种政策或一种原则，保证长久地、彻底地解决此类问题。

## 领导者决策力的养成

有人说，企业之间竞逐，拼的是高层的决策能力，中层的管理能力和基层的执行能力。高层的决策能力是体现企业高级领导者综合能力的核心因素。

俗话说"兵熊熊一个，将熊熊一窝"，是说带头人的重要性。带头人需要根据不同的情况及时做出正确决策，将行动引向胜利，如果决策错误，再多的努力也将化为乌有。

某公司老板在一次经营亏损后采取补救措施。但他想到的方法非常不成熟，别人听了也认为他的做法失败的可能性很大，但他没有听从他人劝告。在正式上马后，带头起早贪黑苦干，无论从管理还是执行都做得非常到位，但企业的业绩却始终下滑。一年半后，他终于承认是自己的决策错误所致，终止了他的补救措施。但公司再次遭受重大损失后，已经前景危殆了。

位置越高的人，决策的风险越大。基层管理者决策错误，影响多限于小范围，只要及时发现、纠正，损失不会太大。中层管理者决策错误，影响就要大于基层范围，企业承受的损失也将加大，但通常不会影响大局（也有因小失大，影响大局的情况，但属于特例），只要及时发现、纠正，尚在止损范围内。企业高层领导者或最高负责人做出错误决策，影响就是全局性的，即便及时发现和纠正，也将造成巨大损失。

美国管理控制专家大卫·林德菲尔德在研究企业破产因素时，就得出"世界上破产企业的破产原因有87%在于决策失误"的结论。可见，决策的正确与否，关系到企业的生死存亡。

造成企业高层决策失误的原因有很多，常见的是"对外轻视，对内重视"。所谓对外轻视是忽略市场的实际情况，没有对消费者的需求做出正确判断，也没有客观、理性、全面地分析供求关系，就认定某种经营模式、某类产品、某种服务能够被市场和消费者认可。对内重视则是对本企业的状况过于自信，但实际上并不了解企业状况，就盲目启动决策计划。

因此，领导者在做出决策之前和执行决策之前，要了解本企业、本部门的真实情况，要以客观的态度正视所处的环境和状态，设计出两种以上方案，并计算出每种方案在不同客观条件下的现实损益，预见未来糟糕状况的出现概率，这样才能做出正确的决策，取得最佳的经营效果。

完美的决策力可以为企业带来令人惊喜的收入，因此决策能力是领导者必备的能力。彼得·德鲁克在《卓有成效的管理者》中指出了决策包含的八个要素：

（1）了解市场的供求关系。不是每种商品都会被需要，只有市场上缺少并被消费者认可的商品才会被需要。无论从产品本身价值还是产品的附加价值，都可以找到商机。

（2）了解竞争对手。任何决策都不是单方面的，竞争对手也在寻找商机，优秀的领导者不能只顾着自身发展，还要时刻留心对手的状态和表现。

（3）了解产品品质。产品的前世今生，市场需要的产品模式是什么，产品要在哪方面更新换代，企业现有的技术在哪方面需要革新等，都决定了产品的未来表现。

（4）了解创新力度。企业持续发展离不开创新，产品长期不衰离不开创新，品牌屹立不倒离不开创新。因此，对于决策中所涉及的商品创新力度的思考是必需的。

（5）了解企业实际情况。不能只观察敌人，也要看清自己。作为领导者必须时刻注意企业暴露出来的弱项，及时弥补，不给对手留有可乘之机，也防止大厦从内部坍塌。

（6）找出解决问题必须满足的界限。每个决策的制定都需要有所舍弃，但不能为了利益而不顾及界限，底线明晰并且严守，是保证企业长期生存的基础之一。

（7）仔细思考解决问题的正确方案。方案的有效性要看方案是否满足解决问题的必要条件，但因为问题具有复杂性和变化性，在必要时可以做出调整和让步。

（8）方案必须兼顾执行实施。决策要具有可执行性，否则再完美的决策也是毫无意义的。

## 决策的五个要素

彼得·德鲁克对于决策给出了五个要素，分别介绍如下。

1. 辨明问题的性质

做出决策必然要经过思考，但思考不是首先问"这个问题怎么解决？"而是问"这是什么性质的问题？"

所谓知己知彼百战不殆，想要同问题作战，首先要了解问题的性质，然后思考应该怎样做决策，应该做出怎样的决策，才能解决所有的类似问题。

彼得·德鲁克将问题分为一般性问题和例外性问题，一般性问题需要做决策，例外性问题需要做决定。

一般性问题又具体分为三类：

（1）真正的一般性问题，个别发生的事件只是表象。组织中的大多数问题都属于这一类，一名员工迟到，一个顾客投诉，一次流水线上的操作失误，看似都只是一般性问题，但领导者有必要追问：为什么会产生这样的问题呢？是否可以通过制定规章制度来避免呢？

（2）看似独特的事件，但实际上是一般性问题。X公司要求收购Y公司，Y公司同意了收购计划，对两家公司来说，收购与被收购的事件不会再发生，看起来属于特殊事件。但在商业界，收购与被收购是经常发生的一般情形，需要遵循一定规律。

（3）一个新的一般性问题的首次出现。这类问题很容易被当作一次特殊事件或者某个旧的一般性问题的表象。比如，某公司遭遇严重的诚信危机，调查之后发现是一些新招入的销售员与骗子合谋进行诈骗，让公司和客户遭遇损失。但该公司将这件事当作一个"旧"的一般性问题——曾有骗子骗过该公司员工，因而忽视了一个"新"的一般性问题——这次员工不是受骗者，而是骗子的合谋者。

2. 了解决策应遵循的规范

决策的目的是在满足条件的情况下最低限度应该达成的目的，也就是创造"边界条件"。一项有效的决策必须符合边界条件，必须足以达成目的。边界条件说明得越清楚、越详细，据此做出的决策越有效。

边界条件往往不容易找到，因为每个人所看到的边界条件是不同的。因此不能盲目寻找边界条件，必须保持清醒的认知，当决策触及甚至超越边界条件限制时，要及时抛弃。

3. 决策只能是正确的

德鲁克对领导者的建议是："研究'正确'的决策是什么，而不是研究'能为人接受'的决策是什么。"这一点非常重要，因为现实中人们很喜欢采取折中办法，认为这是执行过程中阻力最小的。但在不知道符合规范及边界条件的"正确"决策是什么的时候，就无法辨识正确的折中和错误的折中之间的区别，最终不免走向错误的折中方向（研究发现，错误的折中更符合人性的弱点）。

做决策的目的是要解决问题，不是讨好他人，如果总是考虑决策如何才能被他人接受，完全是不负责任的表现。

4. 化决策为具体行动

考虑边界条件是做决策过程中最难的一步，而化决策为行动是执行决策中最费时的一步。无数事实证明，如果一项决策没有逐条列出行动步骤并进行明确分工和责任定位，便不算是完整的决策，最多只是一种美好的意愿而已。

化决策为行动，领导者必须解决如下几个问题：

（1）哪些人应该了解这项决策？

（2）具体谁应该采取怎样的行动？

（3）行动应该如何进行才能保证正确性？

5. 在决策中建立信息反馈制度

这项要素的目的是对决策所预期的成功做实际印证。因为决策是由人制定的，也是由人执行的，是人就免不了会犯错误。再了不起的决策，缺乏反馈和监督也难以达到预期效果。

建立反馈制度，可以检讨所下达命令的执行情况。一般性反馈由下级向上级汇报即可，关键性反馈只有领导者亲自检查最可靠。

## 决策类型和决策情境

领导者在做决策之前，需要了解决策类型和决策场景。因为这两者对于能否做出有效决策起着重要作用。

1. 决策类型

领导者要掌握最主要的一些决策类型，以便在具体做决策时能够及时分辨出当下是怎样的决策类型，能更清楚需要采取怎样的决策策略，这对于做出正确决策非常重要。

（1）按决策范围划分：战略决策、战术决策、具体决策。通常战略决策对应企业高层，战术决策对应企业中层，具体决策对应企业基层。当然，这不是绝对的，企业高层也可以根据需要做出战术决策和具体决策，企业中层也可以根据需要做出具体决策，但一般都是向下兼容，极少出现向上兼容——企业基层很难有做出战术决策的机会，更没有做战略决策的机会。

（2）按决策性质划分：程序化决策和非程序化决策。程序化决策也称"常规性决策"或"规范性决策"，是领导者在日常工作中经常需要解决的一般性或例行性问题。非程序化决策也称"非常规性决策"或"非规范性决策"，是指那些不重复出现，不能以现成的程序对问题做出决策。

程序化决策和非程序化决策的对比情况见图12-1。

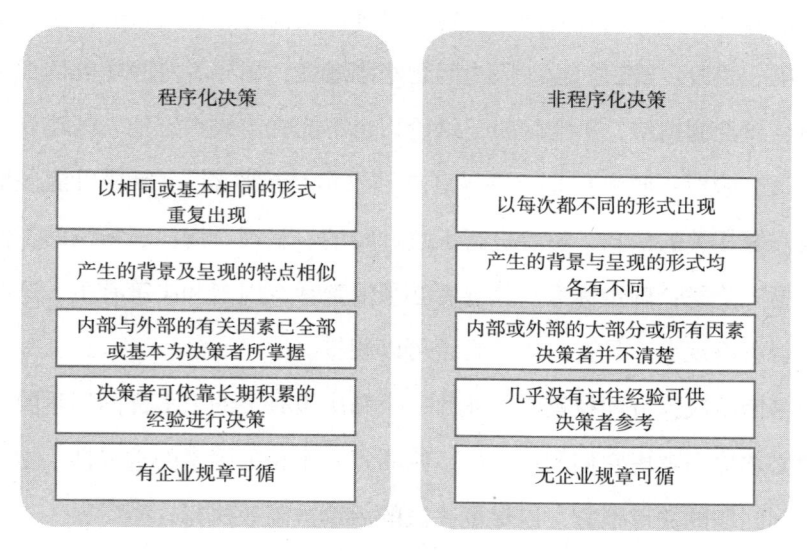

| 程序化决策 | 非程序化决策 |
|---|---|
| 以相同或基本相同的形式重复出现 | 以每次都不同的形式出现 |
| 产生的背景及呈现的特点相似 | 产生的背景与呈现的形式均各有不同 |
| 内部与外部的有关因素已全部或基本为决策者所掌握 | 内部或外部的大部分或所有因素决策者并不清楚 |
| 决策者可依靠长期积累的经验进行决策 | 几乎没有过往经验可供决策者参考 |
| 有企业规章可循 | 无企业规章可循 |

图12-1  程序化决策与非程序化决策对比情况

（3）按决策主体划分：个体决策和群体决策。作为领导者进行群体决策的概率要远大于个体决策，但并不代表没有个体决策。比如，领导者决定个人在企业的去留问题时，就涉及个体决策。作为领导者，只要在岗位一天，其个体决策就与群体决策脱离不了关系。

（4）按决策问题的可控性划分：确定型决策、不确定型决策、风险型决策。决策和风险是相伴的，即便是再常规的决策也存在风险。因此做决策时，不要总是奢求一步到位，而是要接受不确定的决策，再从不确定中逐渐分离出确定的决策。很多时候只能做出风险型决策，在具体的执行中将风险隐患一一化解。

2. 决策情境

决策情境是根据认知心理学将决策划分的阶段而定的，一共分为八个阶段：辨识问题阶段，收集信息阶段，确定标准阶段，分配权重阶段，提出可能的解决方案阶段，评估备择方案阶段，选择方案阶段，付诸实践阶段。这八个阶段对应着不同的情境，每种情境都有各自的目的：

第一阶段：辨识问题。因为问题刚刚爆发，领导者对问题的认识不够清晰，要控制情绪，不能轻易下结论，也不能肯定或否定他人的建议。

第二阶段：收集信息。领导者如同"信息接收器"，要尽可能多地接收与问题相关的信息，然后进行汇总、归纳、整理、淘汰、采纳的工作。

第三阶段：确定标准。领导者必须清楚什么因素和决策有关，这些因素是否可以观察，是否具体，是否可以测量。

第四阶段：分配权重。并非每一个和决策有关的因素都同等重要，领导者必须恰当考虑它们的优先权，判断每一个相关因素的重要性，把资源分配到问题的关键地方，以保证决策的后续被高效执行。

第五阶段：提出可能的解决方案。领导者可根据收集整理后的信息对问题进行充分分析，并与团队企业成员共同分析，制定出一份可行性解决方案。

第六阶段：评估备择方案。领导者要成为一名"批判者"，与团队成员共同检视已做出的决策，不断提出疑问并解答，如果有解答不通的地方，就说明决策还不够完善。同时，应与团队成员共同制订出另外几种备选方案，并对这些方案进行评估。

第七阶段：选择方案。面对几种评估后的决策，领导者应从中选出最佳方案，并且做最后敲定。

第八阶段：付诸实践。领导者既要关注决策的执行情况，也要关注执行决策的具体人的情况，"两手抓，两手都要硬"，决策执行才能获得最好效果。

### 做决策要避开的心理陷阱

做决策的过程中有很多"心理陷阱"，不小心踏入任何一个，做出错误决策的概率就将大增。下面将最常见的陷阱罗列出来并进行重点阐述。

1. 先入为主的心理陷阱

这是最常见也最容易陷进去的陷阱，因为人们总是在不经意间就会陷入对事物的"第一印象"中，并以此作为做决策的根据。

某公司销售部同时拿到了两个客户资源，但销售部人员有限，集中精力搞定一家客户还可以，如果同时跟进两家客户，很可能两个都无法实现。销售部经理决定搁置 X 客户，主攻 Y 客户。副经理也认同经理主攻一个的做法，但他倾向于搁置 Y 客户，因为 X 客户虽然比 Y 客户规模小，但其合作愿望迫切，若先搞定 X 客户，说不定还有机会再接触 Y 客户。但他的建议被经理驳回，"哪有放弃大客户的道理"。

销售部全体人员开始主攻 Y 客户，但 Y 客户也知道自己的分量，并不急于达成协议，该部门"鏖战"两月有余，依然进展甚微。此时传来消息，被搁置的 X 客户已经与直接竞争对手达成合作意向，对手随后也开始接触 Y 客户，因为已经谈成一笔生意，Y 客户对该企业印象很不错，合作风向转变了……

部门经理做出错误决定的原因就在于其"不能放弃大客户"的心理，长期的销售经验导致其很自然地认定大客户是必须优先争取的对象，却忽视了客观现实，这些现实正是副经理主张搁置 Y 客户的理由。

2. 证实心理陷阱

心理学上有一个概念叫"选择性接受"，即对外界的信息只看自己想看的，听自己想听的，思考自己愿意思考的，最后就是信自己愿意信的。这是一个完整的流程，其结果却给自己的认识和决策带来巨大干扰。

某企业负责人认为经营不一定要购买厂房，租赁厂房反而更划算。为了验证自己的想法，他看了很多相关信息，综合之后认为大部分私营企业主都倾向于租赁厂房。对那些因购买厂房导致流动资金不足而引发经营困难的报道，他抱以很大的同情。但他的想法仅仅维持了三年就被打碎了，厂房租金翻一倍，原本的利润空间被挤压得很小，导致企业在价格上失去了竞争力。此时，他想要购买厂房，但早已不是三年前能接受的价位了。

这位负责人陷入了"证实心理陷阱"，为了证实自己的想法，去查阅相关信息，但他所看到的都是自己想看到的，最终得出了自己想得到的结论。他并没有认真分析其他企业租赁厂房的客观原因，只看到其他企业租赁厂房就一概认定"他们都认为租赁厂房比购买厂房划算"。

3. 框架心理陷阱

预先在内心搭建一个框架，然后在这个框架内进行提问（或自我提问，或向他人提问，或引导他人之间相互提问），于是得到了"自己想要的答案"。

某图书公司老板准备向图解书领域进军，但因从来没做过，心里没有底，就问员工："做图解书应该有市场吧？"员工们也不了解图解书的市场状况和具体做法，于是大多数员工并未回答，只有两名员工回答说："应该有吧！"老板又问："图解书的受众群体有哪些？"员工们七嘴八舌地回答了一些。于是老板得到了"想要的答案"："图解书是有市场的，受众群体也是存在的，包括……"

这种心理类似于第二种证实性心理，但更为直接，是从别人的回答中得到自己想要的答案，更具有欺骗性。

4. 谨慎心理陷阱

人们对于自己在乎的事情总是格外关注，甚至有时候会有夸张成分，就像过于夸大概率和统计结果那样。

某公司正在就选择甲方案还是乙方案进行探讨。最后举手表决，A认为甲方案好，B认为乙方案好，C认为乙方案好，D认为甲方案好，E和F认为两个方案都不错。打成平手，老板更难决定了。

其实，下属们之所以各有倾向性，除了对方案本身的判断外，还有自身利益夹杂在里边。比如A是方案制定部门负责人，甲方案中有他的原创概念；B是执行部门负责人，他认为甲方案的执行难度大，乙方案的执行难度小，他更想执行难度小的方案；C是销售部门负责人，执行哪个方案都不会影响销售业绩，但其平时与A有矛盾，不希望看到A有发光的机会；D是公关部门负责人，他觉得甲方案有利于自己发挥；E是后勤部门负责人，F是财务部门负责人，选哪个方案都无所谓。

领导者征求下属意见是对的，但要适度，不能指望下属之间达成共识后自己再做出决定。征询下属意见是信息收集和智慧汇总的过程，不是让下属替领导做出决定。领导者要在下属提供的信息中找到对企业最有用的部分，经过整合、加工，形成最后决策。

5. 过度自信心理陷阱

有些领导者认为自己能力很强，什么条件下都能任由驰骋。虽说"选对了风口，猪都能飞上天"，但是"风口没有了，最先下落的也是猪"。

避免过度自信的最好方法是：先了解，后决定。任何情况下，了解必须先于决定。知识的获取和存储需要建立在了解真实性和丰富性的基础上，这就需要在了解的过程中保持头脑开放。多自问：我现在详细了解相关情况了吗?我掌握决策所需的所有知识了吗?做出这个决定能给直接结果和后续结果带来什么影响?

经过一段时间练习后,你会习惯心态开放地搜集所有与做决策相关的知识和信息。对冲基金领域的高手雷·达利欧曾说:"综合分析的质量将决定你的决策质量。"

为了决策更高效,需要分清楚哪些点重要,哪些点不重要。事情总是变化的,所以必须搜集、分析和识别不同类型的信息。

(1)不必过于精确——对形势的分析只要"差不多"即可,这不是能力不至,而是受现实所限,几乎不可能对一件事的相关信息百分之百掌握。

(2)不追求面面俱到——牢记"80/20法则",重要的信息往往从所获取信息的20%中发现。

(3)不做完美主义者——不要花太多时间关注边缘性因素,做出一个决定通常只有5~10个需要考虑的重要因素。

# 第十三章　领导者的逆战智慧

伞兵天生就是被包围的，领导者注定就是打逆战的。我们每天都要面对新的局面，每天都可能面对不确定的危机，因此，领导者必须有危机意识和逆战智慧，将问题发生的概率降到最低，时刻做好应对突发问题的思想和方法准备。

## 为什么学习失败

"传授"成功学的书籍总是很畅销，仿佛只要按照书中介绍的方法实施，就能获得成功。但成功真的那么容易吗？成功的原因有千千万万，失败的原因往往没那么复杂。每个人的成功都有特定的外界环境和内部因素，任何人都不可能复制，最多只是借鉴。但仍然受限于个人所在的内外部环境和因素，导致可借鉴的并不多，再怎么筛选出认为对自己有用的东西，也是人家成功的经历。因此，那些对成功组织和成功领导者的经验研究等于犯下一个认知谬误——虚假相关。我们的大脑过于重视眼前缩减的事物的表象，忽视了远离眼前的事物，容易出现虚假相关。

## 领导力革命

管理学者杰克尔·丹瑞尔指出："我们在向其他组织和个人学习时，往往对失败'抽样不足'。"

我们总是学习成功的组织和成功的人，却忽视了那些已经失去了组织和走下神坛的人，导致我们得到的"样品"并不可靠。比如，很多成功学书籍中对领导者的魄力非常认可，尤其对非常情况下表现出的"孤注一掷"推崇备至，书中传递的意思是只要遇到糟糕情况，就振臂一呼"豁出去了"，困难就可随之化解了。如果真的这么容易解决企业难题，字典里还会有"破产"一词吗？人人都可以毫无顾忌地创业，因为到时候只要"孤注一掷"就能实现自我挽救。其实，导致这种以偏概全情况发生的根本原因在于犯了方法论的错误，只引用那些"孤注一掷"后的成功事例，归纳出的一些特质也许不是成功者特有的，一些"孤注一掷"的失败者也会具有。

模仿他人的成功做法与避免他人的失败做法，哪一个更重要？历史学家许倬云认为研究失败对成功更重要："成功是众多理性的和非理性的因素的综合。你可能只有一次成功的机会，但是有一千次失败的机会。成功十分罕见，并且各自不同，而失败更加普遍，更可能有规律可循。所以，如果我们想要学习历史上的领导力，那么我们最好研究失败。比起研究成功，它们能教给我们更多更好的经验教训。"

除了要向他人学习失败的经验教训，自己的失败经验也十分宝贵。宝洁公司前 CEO 阿兰·乔治·雷富礼曾说："我的经验是：我们从失败中学到的东西远远超过从成功中学到的。看看那些成功的政治家和成功的运动队，它们最大的教训来自他们最艰难的失败。这对于任何类型的领导者同样成立。"

如果将自身能力比作计算机的操作系统，将所选择的方法比作应用软件，那么，如果是系统原因导致失败，学习失败可以帮助我们升级自己的操作系统或者更换更为合适的应用软件。

沃伦·本尼斯和他的合作者发表了对两代领导者的研究：一代出生于1925年之前，一代出生于1970年之后。研究的本意是想找出年龄差距巨大的两代领导者之间的不同，但结果却发现两代领导者之间的相似点多过不同点，一个非常关键的相同点是他们都从失败中学习。本尼斯总结说："他们不畏惧失败，实际上他们重新定义失败，把它看作一种宝贵的教育形式。"

## 如何从失败中学习

失败如同一道分水岭，把人分为两种：能够从失败中学习的人和不能从失败中学习的人，前者有机会成为各领域的领导者，后者只能成为各领域的被领导者。

篮球巨星迈克尔·乔丹在其出演的一则广告中说："在我的职业生涯中，我有9000次投篮未中，我输掉了差不多300场比赛。在26场比赛中，我在最后关头的投篮将决定比赛的胜负，但我没有投中。我人生中一次又一次失败，正是我成功的原因。"

显然，乔丹不仅接受了失败，还在失败中不断学习，让自己越发强大，成为篮球界乃至整个体育界的代表性人物。

成功的个人和组织不是从不经历失败，而是对失败的态度不同。首先，自己不会被失败打倒，坚韧是成功的必备素质；其次，不会盲目地再次出击，而是要从失败中学习经验。

阿兰·乔治·雷富礼曾说："我把我的失败看作是一件礼物——你必须这样看待失败，否则你将不能从失败中学习，你将不能变得更好，你的公司也将不能变得更好。"

通用汽车公司第八任总裁阿尔弗雷德·斯隆在20世纪20年代，依据社会经济地位将美国汽车市场划分成四个部分——低端（标准）、中低、中上和高端。一直到50年代，很多汽车厂商仍然奉行这一市场划分方式。

1957年，福特汽车公司推出了以占领"中上"层市场为目的的"奥德赛"汽车。当时福特汽车公司已经在四大汽车市场中的三大市场占据重要份额：在低端层汽车市场有"福特"；在中低层汽车市场有"水星"；在高端层汽车市场有"大陆"。而在"二战"后，中上层汽车市场发展迅速，福特汽车公司的头号劲敌通用汽车公司的"别克"和"奥兹莫尔比"都是畅销车，克莱斯勒公司尚未涉足这一领域，福特公司认为必须抓住机会。

福特公司的设计人员对于"奥德赛"的信心很足，公司高层也十分重视，不遗余力地投入资金支持。在这款车型里融入了市场调查所得到的最新信息和当时在中上层汽车中的最高端科技。

"奥德赛"在精心设计、巧妙和用心良苦的宣传中出场了，就在所有人都等待着一个销售奇迹时，奇迹果然发生了，"奥德赛"的销售额惨不忍睹，未出场即巅峰，然后迅速坠落深渊。

堪称美国商业史上规划最周密的商业策划为什么会失败？福特公司的设计人员决心找到问题，他们走出办公室，对失败进行调查。真正打开外界之门才发现，距离斯隆依据经济地位划分汽车市场已经过去了三十多年，另一种依据"生活方式"划分汽车市场的概念正在被接受。商务车、小型车、保姆车、大型车、越野车的划分方式更贴近生活，更容易同用户形成共鸣。

不久之后，福特公司推出了"雷鸟"，成为自亨利·福特于1908年推出 T 型轿车以来最成功的车型。

没有"奥德赛"的彻底失败，就没有"雷鸟"的浴火重生。所以，在遭遇失败时我们也要问问自己：我失败了吗？哦，没有，这只是成长的过程，是有益的发现。托马斯·爱迪生在经历了上千次失败后，有人问他是何种感觉，他说："我不是失败了一千次，而是电灯泡的发明经历了一千个步骤。"

从局部看，失败的就是失败了，但从整体看，是更加接近成功了。没有失败就不会意识到一些方法是行不通的，失败说明你已经走出了舒适区，进入了未知的世界，而这个世界有更多潜藏的成功在等你。

失败都是暂时的，是对你通向成功之路的善意提醒，"喂，这条路走不通，请换一条"。所以，我们不要惧怕失败，更不要远离它，而是要在失败之后与它亲密接触，从它那里尽可能多地获取营养。

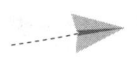

## 危机意识与风险防范

哈佛大学商学院教授迈克尔·波特说："21 世纪，没有危机感是最大的危机。"

危机是什么？有时候就是一只亚马逊热带雨林中的蝴蝶不经意地扇动几下翅膀，就会引发一场侵袭美国南海岸的飓风。

在一个动力系统中，初始条件极其微小的变化就能带动整个系统长期而巨大的连锁反应。作为领导者不能轻视任何看似微不足道的改变，很可能巨大的隐患就隐藏其后，若不及时发现，待条件成熟后危机便会爆发。如果企业领导者不具有危机意识，整个企业也就不具有时刻应对危机的状态。

微软前首席执行官比尔·盖茨说:"微软离破产永远只有18个月。"

百度董事长兼CEO李彦宏说:"别看我们现在是第一,如果你停止工作一个月,这个公司就完了。"

华为创始人兼总裁任正非在《华为的冬天》里写道:"十年来我天天思考的都是失败,对成功视而不见,也没什么荣誉感、自豪感,而是危机感。也许就是这样才存活了十年。我们大家要一起来想,怎样才能活下去,也许才能活得久一些。失败这一天一定会到来,大家要准备迎接,这是我从不动摇的看法,这是历史规律。"

这些顶级企业家为什么危机感如此强烈,因为企业在发展过程中,出现各种危机是不可避免的。十几年、几十年的经营,出现危机与战胜危机已成为他们的常态,可以说正是不断地与危机并行,并且战而胜之,他们的企业才逐步强大起来,也锻造出他们极强的危机意识,时刻提防危机,时刻准备再一次与危机决战。

詹姆斯·霍华德·金德伯格1948年成为波音公司董事长兼CEO,在世界大战期间,波音公司得到了迅速发展,成为世界第一大航空公司。金德伯格带领波音公司在喷气式战斗机、轰炸机、火箭发动机、航天飞机方面都有重大突破,并成为美国太空计划的主要承包商。就在公司上下一片欢欣之际,金德伯格却越发不安了,实际真的如表象这样顺遂吗?现在人人都觉得形势一片大好,这种现象不该警惕吗?

不久之后,波音公司请专业电影团队制作了一部影片,在公司内面向员工播放,影片内容是:

在一个天色灰暗的日子里,众多工人拖着沉重的脚步,垂头丧气地走出了工作多年的制造厂。每个厂房上面都挂着一块"出售"的牌子,扩音器中反复播放:"今天是波音时代的终结,波音公司关闭了最后一个车间……"

这部片子在员工中间引发了震撼，从认为未来无忧，到危机意识强烈，员工们明白了：只有全身心投入生产和革新中去，公司才能生存，否则今天的模拟倒闭将成为明天无法避免的事实。

波音公司的案例告诉我们，领导者不仅自己要有危机意识，还要让危机意识常驻于企业的每个员工心中。只有在危机感的压力下，员工才能充分调动起工作积极性，发挥创新能力。危机是企业生存的基本保障，危机是企业革新的催化剂，危机是企业发展的原动力。

挑战、压力、学习、差距，是具有危机意识的领导者必须掌握的因素，能够在危机中学习，并善于从学习中化解危机（见图13-1）。因此，危机意识的形成需要不断学习，不断挑战。学习可以看到差距，挑战可以弥合差距。

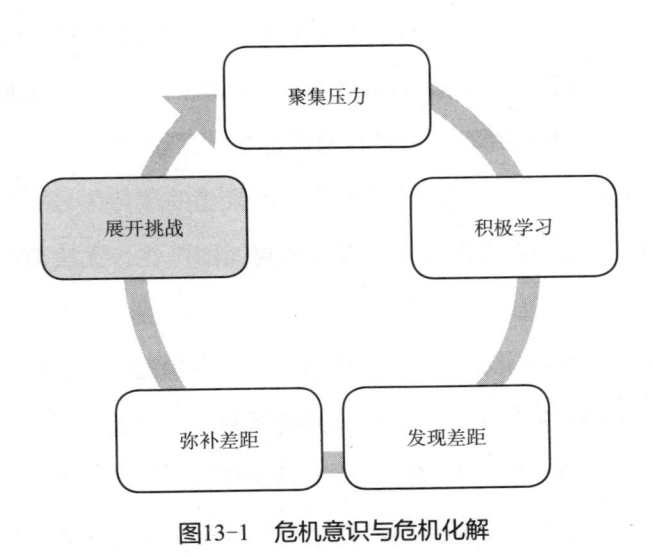

图13-1 危机意识与危机化解

领导力革命

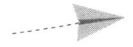

## 化解危机的十项经验

商业危机虽然不像战争和生存危机那样直接要人性命，但威力同样巨大。一些人在商业行为中失败了，变得意志消沉、自暴自弃，就像失去了灵魂的躯壳。一家昨天还很强大的企业，可能今天就面临全面崩溃的危机，生死存亡的压力瞬间袭来。所以，作为企业领导者，必须了解化解危机的一些经营和方法，在糟糕的情况到来时有机会快速渡过。

如果说面临死亡威胁最多的人恐怕探险家们要算一个群体，他们的每一步都在探索人类极限，也都无限靠近死神。

1914年8月1日，极地探险家欧内斯特·沙克尔顿爵士带领他的团队共计28人驶向尚未被勘探的南极大陆，此次探险的目的是徒步穿越南极大陆。起初一切麻烦不大，偶有困难都被大家合力解决了，但在1915年1月19日这一天，他们遇到了困难，所乘坐的"持久号"探险船在距离南极大陆60英里的威德尔海，被海冰封团团围住，无法前向，也无法后退。

探险的想法无法实现了，把全体船员一个不少地带回去成了沙克尔顿唯一的愿望。沙克尔顿下令全体船员弃船搬到一块巨大的浮冰上，随后的五个月里，这块浮冰随着时间的推移不断地碎裂，慢慢变小。1916年4月9日，浮冰彻底碎裂了，3艘来自"持久号"的救生船被迅速推到海上。在海上经历了七昼夜的危险漂浮之后，他们登上了荒无人烟的大象岛。沙克尔顿和船员们没有坐以待毙，他和其中5名船员带了一些物资乘上最大的救生艇，在气候极端恶劣的南太平洋上经过十六个昼夜的坚持，横渡大约800英里，来到了南乔治亚岛。上岸后，沙克尔顿需徒步翻越南乔治亚山脉，去找捕鲸站寻求帮助。1916 年 5 月 20 日下午 3 点，沙克尔顿和他的 2 个伙伴挣扎着走到最近的一个捕鲸站。挪威捕鲸人在震惊之余向他们表示了敬意。到达捕鲸站三天后，他们登上了一艘捕鲸船，开始了解救被困在大象岛上的同伴的行动。8 月 30 号，已经先后经过四次尝试，他们终于找到了一条从浮冰上穿过的路，到达大象岛后发现留下的 22 个同伴都还活着，所有人最终都获救了。唯一"阵亡"的是"持久号"，它在 1915 年 11 月沉入海底。

能够在不可能的极端环境中生存下来，已经非常不容易，竟然还能保住所有人的性命，沙克尔顿爵士堪称极致的领导能力是创造奇迹的关键。

领导力和绩效管理方面的专家戴维·帕门特从沙克尔顿团队极限求生的故事中，总结出了极致领导力的十项经验：

1. 管理好眼前的危机

危机到来后要做的第一反应不是应对，而是管理，控制情绪，分析现实状况，尊重和充分利用团队成员的才能，在最严峻的形势下保持决策的灵活性和执行力。

沙克尔顿在意识到探险船被浮冰围困后，没有慌乱，更没有抱怨。他仔细分析形势，做出必须弃船的决策。

2. 谨慎招募团队成员

以正面的性格特质（坚韧、乐观、上进等）、综合能力（判断力、抗压力、沟通能力等）和多项技能为考量进行招募，才能组成强大的团队。

沙克尔顿的团队之所以能够全员活下来，其领导能力是一方面，船员的素养也很关键。他们在危机中没有慌乱，而是继续听从命令；留在荒岛上也没有发生激烈冲突，大家相互团结顽强生存。

### 3. 充分表现出正能量

我们都知道正能量很重要，而且越到关键时刻越重要，但往往到了紧要关头，心态的变化导致正能量无从发挥。身为领导者，这是极大的忌讳，在危机中所有人都在看着领导者的反应，领导者强悍，则追随者才能强悍。

沙克尔顿的领导力中包含了以身作则的成分，他工作得最辛苦，晚睡早起，照顾每一名船员的生活状态和心理状态。在危机到来后，坚持走在冒险之路的最前端，凡事身先士卒。

### 4. 预见未来并用心去实现

展望未来，但不是画大饼，而要有相应的规划，将实现目标的过程清晰呈现出来，大家可以随着路径发力。但要注意，在危机中计划可以大胆一些，非常时期用非常方式，但在执行中要认真谨慎，尽力将风险最小化。

沙克尔顿和船员弃船登上浮冰后，就规划了下一步的计划，将"持久号"上的救生艇移动到宿营地周围，并在救生艇内储备好食物，一旦浮冰有变，所有人迅速登艇，漂离这个地方。下一步是寻找落脚地，然后寻找对外救援的机会。

### 5. 培养信任感

必须保证任务分派与个人素质及技能相匹配，抛开职务因素的干扰。只有不偏不私地将人放在正确的地方，下属才会对领导者产生信任。

在没有危机的正常日子里，沙克尔顿团队中的所有人都要干粗活，他自己也不例外。在危机到来后，沙克尔顿身先士卒，将最困难艰巨的任务揽在身上，照顾团队内体力较差的成员。

### 6. 重塑自己并保持创新

领导者要时刻保持学习的心态，只有不断学习人才能进步。过去的经验和错误都有极大的学习价值，尤其是错误，可避免不再犯此类错误。

作为一名探险家，生涯中时刻面临危险，不断学习他人的经验和教训非常重要。同时，沙克尔顿还能保持创新，在流落大象岛后，他没有像过往一样流落荒岛先等待救援，而是一刻都没有耽搁，继续寻找救援。

7. 积极有效地沟通

之前我们用了一章的篇幅讲述领导者沟通能力的重要性。领导者不断通过正式的、非正式和私下的资讯、讨论等方式加以沟通，可以有效增加下属对领导者的信任，增强团队凝聚力，防止内部分化。

从获救后的一些报道可以看出，沙克尔顿团队的成员对他十分信任。他们相信沙克尔顿一直在想办法保住大家的生命，他们相信沙克尔顿不会在找到救援后弃他们于不顾，他们相信无论遇到什么困难沙克尔顿都会想办法战胜而不是妥协。而这种相信来自日常不断地沟通交流。

8. 将优秀的个人价值观带给其他人

领导者一个人优秀不代表整个团队是优秀的，只有团队的大部分成员都是优秀的，这个团队才是优秀的。

如今我们都知道沙克尔顿具有优秀的个人价值观，这是衍生出卓越领导力的根本条件之一。但沙克尔顿的团队成员也一样具有优秀的个人价值观，大家在极端困难的情况下没有因为私心作祟而引发更加糟糕的事情。

9. 做一个服务型领导者

服务于他人比被其他人服务要好得多。"赠人玫瑰，手有余香"就是这个道理，通过自己的服务让别人越来越好，进而自己也随之越来越好，这是一件多么美妙的事情啊！

在危机出现后，沙克尔顿成为第一个看护团队成员的人，他给伤员包扎、上药，给害怕的人进行心理疏导，给迷茫的人带去生的希望。

10. 了解一些心理学原理

在与团队成员相处时,领导者可以充分运用心理学原理,这样做不仅能让相处变得更加融洽,还能让团队时刻保持温度。

在团队内部进行交流时,每当有人发表意见或给予回应,沙克尔顿都会表现出欣慰;当与那些承认失败的人相处时,他会管理好自己的情绪,不表现出愤怒和挫败感,而是就事论事处理问题。

# 第十四章 领导者的再生能力

再生能力也是复原能力,是领导力韧性的体现。领导者在面对逆境、创伤、悲剧、威胁或其他重大压力时所具有的复原能力。

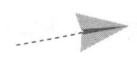

## ▶ 保持心理韧性

任何需要在常规压力下达成目标,并面临在此过程中可能出现的阻碍的工作角色,都需要极强的韧性。韧性不是人类与生俱来的,而是通过学习、社交、认知和行为策略来培养增强的。

经营就是不断面对阻碍的过程。伴随着纷繁复杂的外部市场及内部组织革新的机遇与挑战,能否在遭遇逆境时岿然不动,乃至继续保持增长,取决于领导者的心理韧性。能够逆境生存的领导者都是极具韧性的,也能够带领组织将逆境转化为机遇和竞争优势,实现突围。

拉丁语中"韧性"指的是"恢复到原始状态"。韧性原本是物理学上的概念,也可称为弹性、恢复力、抗逆力等,用以描述各类主体在面对外界风险时所具有的抗压力和恢复力。

领导者的心理韧性是抗压力和恢复力的综合体现。领导者为带领团队达成目标,所展现出的积极适应压力、接受挑战、战胜挑战及扫清所有障碍的能力。

心理韧性具体体现为领导力自身面对逆境的表现,和领导整个团队与逆境斗争的表现:

(1)领导者自身在困境中展现的抗压能力、反弹能力和复原能力。具备心理韧性的领导者,在逆境中往往能够迅速调整心态,以更积极的心态抵御压力,在解决阻碍的过程中实现反弹,在持续向既定方向前行的同时让自己逐渐复原,甚至反超之前的自己。其实,再强大的人面对逆境也需要一定的适应过程,只是强者的适应能力更快,适应力度更大。

(2)领导者在逆境中对整个团队的引领及驱动作用。领导者要善于在复杂、迷茫、具有挑战性的局面中敏锐洞察趋势,并找到破局关键点。更为重要的是,领导者在保持自己面对逆境时的工作有效性的同时,还要具备在艰难状况下激发下属保持坚韧的状态,只有下属都不惧挑战,才能战胜工作中的困难。

具备心理韧性的领导者在面对困难处境时,也具备硬度、决心和镇静,但韧性还有一个更关键的组成部分,就是积极适应与应对。如果将硬度、决心和镇静比喻为防守战略,那积极适应与应对就是进攻战略。防守可以保存实力,进攻才能扩大战果。敌人越强大,越不能失去进攻的勇气和手段。

因此,领导者在领导过程中必须尊重环境的客观存在,从实际出发,具体问题具体分析。领导者要时刻保持触角,敏锐察觉环境的变化,持续驱动自身自主革新,增强领导力韧性的构造。

领导者要提升心理韧性,推荐一个较为可行的方式:预想消极环境带来的最坏影响。因为很多事实让我们明白,做事不预先想到失败的结果,也难以取得想要的成功。预料失败不是为了迎接失败,而是要将导致失败的因素尽可能地呈现出来,让自己和团队对这些失败因素加以防备。当然,仅靠预料不能将所有失败因素都罗列出来,总有意外情况不期而至,但有所预料总胜过全无准备。

这就是预料失败的好处,先给自己打上预防针。虽然不提倡领导者经常做失败预料,但在团队生存发展的关键时刻必须进行失败预料,增强自身的心理韧性,如有可能也提升团队全体成员的心理韧性。

## 四步法增强回弹力

有两个创业者,在九死一生的商海中没能成功上岸,公司倒闭后,一个负债 100 万元,一个负债 500 万元。

负债 100 万元的人,被打击得一蹶不振。整天窝在家里喝闷酒、看电视,也不说话。妻子一边工作,一边照顾孩子和家庭,还要为还债四处奔波。欠债的本主却每天沉浸在创业失败的不甘中,不能面对失败,不能接受失败,不能解决失败后留下的问题,也不能放下过去的事。

负债 500 万元的人,损失更多,受到的打击更大,但他很快接受了这个残酷的现实。他知道自己要做的最重要的事情,就是努力让自己的小家庭保持安稳,同时解决债务问题,和客户、银行、朋友商量分期付款,自己去找工作赚钱,在业余时间搞点副业增加收入。虽然暂时看起来距离还清债务遥遥无期,但他敢于面对逆境、接受逆境,具有积极解决问题的心态,能够放下面子、放下失败重新开始。这一切行为都表明失败对他来说只是暂时的,遇到新的机会,那个更强大的他会再次搏击商海,成就自己的事业。

无论是工作还是生活，任何人都会遇到挫折，如果一个人的耐挫性太弱，就会沉浸在自我谴责里，这样的人生又怎会有进步？通过上述两个创业者的对比，我们可以择出几个关键词——面对、接受、解决、放下。这是具有心理弹性的人面对压力的正常心理次序。

弹性是物理学名词，描述一个物体在外力的作用下如何运动或发生形变。施力之后物体本身会有回弹力，将施加于其上的力衰减弹回，反复数次后，施加的力得以被全部抵消。

心理弹性的解释与物理学和经济学对弹性的解释有关联。每个人的心理都要承受来自各方面的压力，面对压力最好的方式不是硬顶，而是有策略地面对它，接受它，处理它，放下它，这个"面对→接受→处理→放下"的过程就是弹性心理做主导。

不好的事情来临时，会对个体形成巨大的心理冲击，这时压力对个体形成向下的压力。个体需要做的是恢复冷静，坦然接受，将压力缓慢消解。接下来是找到最好的解决方案，可能需要反复尝试，但核心是尽快尽好地解决。处理过后就要放下，不要事情过了，心态还没过，还停留在压力中。

心理弹性是嫁接在物理学和经济学上得来的概念。优秀的领导者都具有心理弹性，为了保持和增强心理弹性，除了以上四个过程外，还需具备四种力，这四种力与上述过程有对应性。

（1）承受力——面对。即心理承受力，压力来临之初，想要为后续处理打好基础，必须从心理上坚强承担。这一点对于领导者是必须做到的，因为领导者是核心，员工的眼睛都在看着他，如果领导者不能坚强地顶住困难，整个团队就会松动。

（2）自制力——接受。这是一个近乎强迫自己接受的阶段，即便承受力强大的人也不会内心毫无波动地接受一件不好的事，正常情况下，人们在面临压力时都是一边自我鼓励，一边坚强接受，然后逐渐消化。自制力就在这个阶段发挥作用，让人在最短的时间内形成自控。

（3）决断力——解决。当承受力和自制力都发挥了作用，就到了解决问题的时候。优秀的领导者不仅能承受压力，控制压力，还能解决压力。至于采取什么样的方式，需要结合现实情况而定，但有一点必须牢记，无论怎样筹谋策划，都必须在关键时刻果断决策。

（4）扩张力——放下。这是问题解决之后的心理扩张，很多领导者在事情结束后，心理上并没有真正过去，对于问题的出现以及解决问题所付出的代价耿耿于怀。这种心理会严重影响接下来的领导行为，可能会引发其他错误。所以，切不可进行无意义的纠结，将心态放平，将过去的放下，做到既往不咎，最终放过自己，迎接更好的未来。

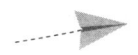

### 建设性地处理人员错配问题

曾有一位老板说："都说人尽其才，任何一个人放对位置都是人才。我不这么认为，人才的含义绝不是某一方面厉害，而是要多方面厉害，最好是通才。我的公司现在就采取通才培养模式，销售能力强的不能只做销售，文案方面如果也提高，对其销售也有帮助。做导流的也不能只围着电脑数据转，多和客户接触接触，会更了解客户心理，对于数据分析有帮助。做网站运营的要同时精通其他销售模式，就能更好地把握网站运营的方向……"

这一番话乍听之下好像挺有道理，懂得越多，能力就越大。但仔细一想，完全是谬论。这个世界上有多少人能成为通才？难道奥运冠军要同时也是奥赛冠军才叫厉害？著名企业家要兼备军事家的才华才能得到认可？

决定一个人上限的是其优势之处能得到多大延展，而不是其所有优劣势的平均值。古人曾告诉我们，"样样精通，样样稀松"，所以，这位"通才"老板一定不懂"用人所长，天下无不用之人；用人所短，天下无可用之人"的道理。任何企业都不乏人才，而缺乏的是发现人才的慧眼，如同"千里马常有，伯乐不常有"一样，作为企业的领导者，发现人才，使用人才，光耀人才，永远是最核心的命题。

与这位"通才"老板如出一辙，很多领导者将企业无法发展的原因归结为员工不够努力，员工没有责任心。但如果企业没能给员工创造一个可以努力的平台，员工再努力又有什么意义呢？管理学有句名言："垃圾是放错了位置的人才。"如果领导者将人才当作垃圾，然后说人才没有能力，不够努力，这样的领导者是极其不合格的，他们的企业终将被淘汰。

因此，领导者的工作重点之一，就是做好员工和岗位的匹配，将员工能力和岗位需求完美匹配，员工才能发挥出最大能量。具体做法可参考如下步骤：

1. 建立人岗匹配的用人机制

用人机制的核心是才能识别与才能分类，对各种才能的属性进行分类，再对具有各类才能属性的个体进行分类，盘活人才库。

用人机制的基础是建立公平、公正、公开的人才选拔机制。无论是内部选拔还是外部招聘，都必须按照规范的选拔流程和明确的选拔标准对人才进行甄别。

用人机制的升级是通过岗位实践，对人才进行层级考核。考核的过程必须透明，考核的结果才能服众。

2. 岗位分析

按照"岗得其人""人适其岗"的原则，将不同才能的员工安排到最合适的岗位上。要想达到这个目的，要先了解岗位的具体要求，对岗位进行分析。

岗位分析是对某项工作就其相关的内容与责任，给予汇集、研究、分析的过程。岗位分析可解决四方面问题：

（1）岗位性质：各岗位的工作任务和状态以及执行的具体方法等。

（2）岗位职责：工作范围，责任大小，重要程度等。

（3）岗位关系：相关岗位之间有何种协作关系，协作内容是什么。

（4）岗位要求：每个岗位对员工的具体要求，什么样的人能够胜任这个岗位。

3. 人员分析

在了解了岗位的相关特点后，还要了解人员的相关特点，也就是对员工进行详细了解。具体可通过履历分析、纸笔考试、面试交谈、实际操作等步骤完成。

还要注意，对人员的了解要通过两方面进行，一方面是硬性条件，另一方面是软性状态。硬性条件包括：出身、学历、工作经验、家庭环境、兴趣爱好、专业特长等；软性状态包括：思想状态、拼搏精神、挑战心理、诚信指数、忠诚与否等。

4. 进行匹配

在具体工作中，员工是否符合工作要求会毫无保留地呈现出来，但现象相同，原因却不一定相同。

（1）有的员工因为不适应而出现短暂迷茫。这是常见现象，作为领导者需要保持耐心。如果员工经过一段时间的锻炼仍然不能适应，就不能再等了，或者令其去参加企业内部的学习，或者直接解聘。

（2）有的员工责任心不强，但能力具备。领导者要在严格要求的同时实施赏罚，督促其改进工作态度，如果一段时间后仍然没有改观，必须果断弃用。

（3）有的员工态度很好，但能力一般。这样的员工属于"无才有德"一类，能保留就保留，需为其选择挑战性不强的工作。

（4）与工作完美契合，也具备能力。这就是很成功的匹配，既能发挥员工的才能，也能让岗位产生最大价值。

## 重新定义压力

现代社会，每个人都背负极大的压力前行。面对压力该怎么办？调动"与天斗与地斗"能量与压力奋力一战！其实未必如此兴师动众，"治大国，若烹小鲜"，对抗大压力不一定要调动大能量，真正能抗住压力的人往往都在小事上体现本事。

作为一名领导者，对抗压力需要以专业知识和领导能力为基础，但更需要一颗能够快速平静下来的大心脏，修炼大心脏的办法就是将压力重新定义，将压力从"高压神坛"上拽下来，拉入生活中，在日常状态中进行修炼。

虽然一个人的抗压力是在其遭遇巨大不幸时才表现出来的，但是这种能力的生成却取决于个体平时怎样看待与应对所发生的不幸。

具备高抗压力的人，一定是能够忍受日常生活中各种不确定性的人。不确定性威胁到人的最基本需要——安全需要，所以人们通常都很怕自己什么时候会被不确定性侵袭。但是强者的生活就是由出现不确定性到战胜不确定性构成的，对于不确定性的耐受程度决定了一个人能够到达的高度。

在常规状态下不断积累，当压力出现时，那些平时锤炼出的抗压力就

## 第十四章
### 领导者的再生能力

会自动产生作用,帮助我们应对命运的检验。

著名作家苏芩有这样一段话:"在心情最糟糕的时候,仍会按时吃饭,早睡早起,自律如昔——这样的人才是能扛事的人。人事再乱,打不乱你心。人,不需要有那么多过人之处,能扛事就是才华横溢!"

一个人在遇到大事的时候不乱于心,说明具备强大的心理素质。而这种状态的取得通常都在平时的一些不起眼的小事中慢慢修得。具体有哪些小事呢?人总归离不开衣食住行,我们就从这里边寻找痕迹。

1. 心情糟糕时依然能保持良好的作息

大多数人在遭遇冲击时,难免会情绪不稳定,消极、失落,甚至自暴自弃都是常见状态。但总有一些人,无论生活多么令人沮丧,却始终善待自己。

电影《飞越疯人院》中的酋长齐弗是一位高大老实的"病人",为了让自己免遭迫害而装聋作哑。他没有其他人的胆怯,也不像主人公麦克·墨菲那样张扬,成为医生护士们的"公敌"。他每天按时吃饭、按时睡觉,还会运动运动,除了后来触动他内心的麦克·墨菲外,和其他人几乎没有任何沟通。他在等待一个能让自己重新得到自由的机会,最后他成功了,身体和心灵都飞出了令人窒息的疯人院。

保持良好的作息时间,该吃饭的时候吃饭,该睡觉的时候睡觉,不会因为闹心就没完没了地刷手机,不会因为烦恼就放弃平时一直坚持的好习惯。其实这些人的想法并不难理解,已经面临糟糕状态了,如果再对自己不好,不是更糟糕吗?只有自己不垮掉,当下的局面才有机会被扭转。如果自己先垮了,就彻底翻盘无望了。

2. 身处逆境时依然能做到吃饱穿暖

顺境的日子谁都能过好,但逆境的日子要如何能过好?没有谁敢说,我的一生只有顺境没有逆境,所以我们都要做好随时进入逆境生活的准备。

必须承认，在逆境中生活是不容易的，需要面对各种各样的困难，自己随时可能会情绪崩塌，但又要快速复原。面对生活的态度，就是面对人生的态度，如果遭遇逆境就妥协，人生也就无望了。

在逆境时要如何生活呢？要懂得关注和爱护自己的身体，努力让自己实现"温饱生活"。这里所说的"温饱"不是物质层面的，而是精神层面的，很多人在逆境中过得浑浑噩噩，饭也不吃，衣服也不换洗，个人卫生也不收拾，房间乱得像被洗劫了一样。可是这样有什么意义呢？只能让生活嘲笑我们是个懦夫，还没开始战斗就投降了。更为重要的是，没有健康的生活状态就是在糟蹋自己的身体，所有强者都知道保护健康身体的重要意义。

想要东山再起，首先要从心灵上站立起来，落难不自弃，临危不慌乱，稳住心神，只做对自己有益的事情。